藏传佛教五大教派名僧传

萨迦派

拉科·益西多杰　编译

青海出版传媒集团
青海人民出版社

图书在版编目（CIP）数据

藏传佛教五大教派名僧传.萨迦派/拉科·益西多杰编译.--西宁：青海人民出版社，2018.9（2025.5重印）
ISBN 978-7-225-05651-7

Ⅰ.①藏… Ⅱ.①拉… Ⅲ.①萨迦派—僧侣—列传—中国 Ⅳ.① B949.92

中国版本图书馆 CIP 数据核字（2018）第 217951 号

藏传佛教五大教派名僧传·萨迦派

拉科·益西多杰　编译

出 版 人	樊原成
出版发行	青海人民出版社有限责任公司
	西宁市五四西路 71 号　邮政编码：810023　电话：（0971）6143426（总编室）
发行热线	（0971）6143516 / 6137730
网　　址	http://www.qhrmcbs.com
印　　刷	青海新华民族印务有限公司
经　　销	新华书店
开　　本	889 mm × 1194 mm 1/32
印　　张	5.375
字　　数	90 千
版　　次	2019 年 7 月第 1 版　2025 年 5 月第 3 次印刷
书　　号	ISBN 978-7-225-05651-7
定　　价	32.00 元

版权所有　侵权必究

目 录

卓弥·释迦益希
　　——西藏翻译家　007

昆·贡却嘉波
　　——萨迦寺创建者　011

萨钦·贡噶宁波
　　——萨迦派第一代师祖　016

索南孜摩
　　——萨迦派第二代师祖　021

扎巴坚赞
　　——萨迦派第三代师祖　024

萨班·贡噶坚赞
　　——萨迦派第四代师祖　029

八思巴·洛哲坚赞
　　——萨迦派第五代师祖　037

嘎·阿尼胆巴
　　——元代萨迦派高僧　047

夏尔巴·嘉央仁清坚赞
　　——萨迦派大元帝师　054

西纳堪布·喜饶益西
　　——元代萨迦派著名喇嘛　057

喇钦耿嘎·罗哲坚赞
　　——萨迦"灵童"大帝师　061

雅德班钦
　　——俄尔埃旺寺的初建者　065

索南坚赞
　　——萨迦派著名学者　069

贡嘎扎西坚赞
　　——大乘法王　074

却吉·牛普巴·索南桑布
　　——兼通显密的萨迦大堪布　080

仁达哇·循努洛哲
　　——元代萨迦派著名学者　084

雅楚·桑杰白
　　——萨迦派显宗传承人之一　090

嘉色·陀美桑布

　　——萨迦派因明大师　093

喇嘛丹巴·索南坚赞

　　——萨迦寺第十三任赤钦（法台）　101

绒敦·释迦坚赞

　　——萨迦派著名雄辩家　105

俄尔钦·贡嘎桑波

　　——萨迦派密宗俄尔支派创立者　111

贡嘎南杰

　　——萨迦派贡嘎支派的创立者　116

察钦·罗赛嘉措

　　——萨迦派察尔支派的创立者　120

梅钦·衮却坚赞

　　——梅雅玛贡寺的创建者　124

却吉桑波

　　——阿坝却吉寺的创建者　128

贤钦然绛巴·桑杰佩

　　——萨迦派大慈博士　133

班钦·释迦却丹

　　——萨迦派知名经师　137

果沃然贤巴·索南僧格
　　——萨迦后期佛学家　141

班钦·本俦松巴
　　——精通五明论的班智达　146

芒脱鲁智嘉措
　　——萨迦派后期著名学者　151

嘉央钦泽旺波
　　——近代密宗大师、医学家　157

后　记　162

萨迦派

萨迦派

"萨迦"是后藏一地名,即今西藏自治区日喀则萨迦县,意为"灰白土"地方。也有人认为先有萨迦寺,后演变成萨迦地名的。当代著名藏学家东嘎·洛桑赤列先生撰文说:"萨迦是当地藏族很早以前就以土质的颜色而取的地名。"后来寺院建成后,以地名取寺名,又以寺名取教派名为萨加派。该派的先祖为"昆氏",又写作"款氏",西藏一氏族名。"昆"为藏语,意译为"嫌怨"。传说,昔有天神名"石草山",战败罗刹"晨无血",夺其妻,同居生一子,以与罗刹有嫌怨,故其氏族命名为"昆"。据《红史》载:赤松德赞时期的昆杰·贝波且生有四子,后由四子传衍下来,到释迦罗哲,是一位精通旧派密宗之人,他生有两个儿子,长子喜饶次臣,次子贡却嘉波。水牛年(1073年)次子贡却嘉波在萨迦温波山坡上首建萨迦寺,俗称北寺。后在仲曲河南岸建寺,称萨迦南寺。创立以"道果论"为法要的藏传佛教派系——萨迦派。依昆·贡却的法要"道果"的传承来讲,卓弥译师是萨迦派的创始人。他在印度学经多年,回藏后主要传授从印度班智达处学到的一种密法——道果。后传给贡却嘉波,辗转传授弘扬,成为萨迦派深法宝训道果。作为一个教派,除具有完备的教法和教义外,还必须要具备弘传本教派教法和教义的道场(寺院)和弘传者(僧伽),从这个意义上讲,昆·贡却嘉波还是萨迦派的创始人,卓弥·释迦益希和比瓦巴是萨迦派开派导师。后经萨钦·贡噶宁波等五代祖师弘扬,兼有僧俗两系传承,即血统、法统两大传承。五代祖师中分白衣三祖和红衣二祖。白衣三祖,即萨钦·贡噶宁波、索南孜摩、扎巴坚赞三位非正式出家僧人,他们是在家俗人或居士,可娶妻延嗣,父子相承,继承萨迦派政教大权,皆穿白衣,故称白衣三祖。红衣二祖,即萨迦班智达和八思巴二人,从师出家受戒,皈依佛门,禁娶妻生子,穿绛红袈裟、法衣,以叔侄或师徒相传,继承法统,谓之红衣二祖。

公元13世纪中叶,萨班·贡噶坚赞和八思巴伯侄与蒙古皇帝缔结法缘,西藏正式接受元朝的管辖。八思巴被元世祖忽必烈敕封为"国师",后升"帝师"统领天下释教,并统领西藏"十三万户",建立西藏萨迦地方政权。百余年间秉承皇帝旨意,法王兴作法事,颁布政令,本钦等西藏

萨迦派

地方官员则执行政令。形成本钦由帝师推荐,皇帝任命的制度。约公元14世纪中叶,萨迦昆氏家族分裂成玉脱、拉康、仁钦岗、德却四个拉章,政治上随着元朝的没落而衰败下来,只保留萨迦地方政教权力,成为萨迦地方的小土司,但在宗教方面还是有一定的影响,在明代亦有一些萨迦名僧被封高级僧职。

从公元14世纪后半叶起,萨迦派僧人逐渐恢复正常的宗教生活,使该派得以维持下来。在显宗方面出现了两个系统,一个是雅楚·桑杰贝（1350～1414年）、绒敦·玛威僧格（1367～1449年）、然贤巴·桑结佩（1411～1485年）为代表的系统。另一个是宗喀巴大师在显宗方面的上师仁达哇·循努洛哲（1349～1412年）。在密宗方面出现了三个支派,即俄尔派、贡嘎派和察尔钦三个派系。即俄尔钦·贡噶桑波（1382～1456年）建有俄尔寺;图敦·贡嘎南杰(1432～1419年)在山南建贡嘎多吉丹寺;察尔钦·罗赛嘉措（1496～1566年）长期住持图丹格培寺。另外,却吉桑布、梅钦·贡却坚赞、村美·多杰坚赞、班钦·释迦却丹、嘉哇·本松巴等皆为14至15世纪时期萨迦派著名高僧。但他们大多数不属萨迦昆氏家族,有自己的弘法道场。

萨迦派兴盛时期,除西藏各地的萨迦寺院外,在四川康区、云南、甘肃、青海、蒙古等地方也先后兴建了一批萨迦派寺院，出了一些名僧。萨迦派衰落后，一些寺院也衰落下来，甚至不复存在，一部分改宗为其他宗派，只有少部分至今仍然存在。

"道果"是萨迦派教义的核心。认为修法者断除一切"烦恼"，可得"一切智"而达到"涅槃"境界之"果"。其修行次第要求修法者先抛掉"非福"（指所谓"坏事、恶业"），专心做"善业"，来世即可升入"三善趣"（即人、阿修罗和天）。升入"三善趣"仍未脱"轮回之苦"者，还须断除我执，才能超脱。为此，需要苦修，悟出人身、宇宙"皆非实有"（即"一切皆空"），还要断除"一切见"，即所谓"常见"（物质的存在）和"断见"（一切皆空），才能真正领悟"佛法"，获得"解脱"之果。萨迦派虽然是一个教派，但是它的一些代表人物对"境之二谛"（指世俗谛和胜义谛）的认识也不一致。萨迦派持有"自续中观"的观点，仁达哇则是"应成中观"的观点，还有一些人根本不是中观论，而是唯识论者。

卓弥·释迦益希
——西藏翻译家

藏传佛教五大教派名僧传

卓弥·释迦益希，藏历水蛇年（993年）生于后藏芒喀地方，是吐蕃王朗达玛的三世孙札西则巴在后藏拉堆（今西藏自治区日喀则昂仁县一带）称霸时期的一位名扬四方的上师。札西则巴为了弘扬佛法，派卓弥和达洛循努宗哲等人，携带许多黄金前往印度求学。他们在西藏先学了一些毗哇尼语，到尼泊尔住了一年，拜辛底巴大师的弟子尼泊尔班智达辛哈班智为师，精习梵文，并听受了一些密法。当时印度的毗札玛西那寺①中有六位大格西（学者），他们投于辛底巴师门下听法。首先听讲《戒律》，其次听受《般若波罗蜜多》，又多次听受密法。卓弥在辛底巴那里学习了8年，成为大学者。当卓弥和达洛循努宗哲将赴印度其他寺院时，上师吩咐说："《戒律》是佛教的根本，你们应听受；《般若波罗蜜多》是佛教心要，也应当闻习；密宗是佛教的精髓，你们更应当研习。"于是他二人前往东印度，拜弥图达瓦上师的一弟子

萨迦派

为师。此僧为卓弥作灌顶,讲授密法,传授诸教授要诀,把无本续的"道果"也传给了他。其所传诸法,比辛底巴所传密法更能使他生起大抉择。他在那里住了4年,返回卫藏时,堪布、阿阇黎(轨范师)和僧众远道而来迎接他。

水羊年(1043年),卓弥在后藏建立了一座牛古垄寺,收徒传教,广作翻译事业。他住在牛古垄和拉哲山岩洞时,印度的嘎雅达热班智达来到贡塘,卓弥前去将该师迎至牛古垄寺,献上黄金500两,嘎雅热班智达将所有大宝佛教诸道果教授尽皆传授给他。

卓弥·释迦益希翻译了《欢喜金刚第二品》等三种密续及其他一些密法,翻译了辛底巴所著《具足清净论》,从大师仁钦桑波翻译了《般若二万五千颂光明论》《般若八千颂广释》等许多经论法典,并作讲授,从而使甚为深奥的《般若波罗蜜多》得以弘扬。他建立了讲授父续②、母续③等一些经教之规,主要是弘扬以母续为主的教法。

他培养的门徒甚众,著名的郭译师和玛尔巴译师都是他的弟子。玛尔巴曾说:"在吉祥牛古垄寺的卓弥师前学习声明和诵语,恩惠非小当尽知。"还有萨迦派始祖贡却嘉波、宁玛派三索的释迦琼乃,均向他学习过"道果"教授。

卓弥译师一生的译著颇多,除上述外,载入《甘珠尔》大藏经的有:《现观次第论》《六十四佐格释说》《喜金刚注释续》《金刚空行脉基注释》《宝光密修法》《无主瑜伽母密修法》《甘露密修法》《胜乐轮现观释难》等；载入《丹珠尔》大藏经的有：《注释续十疏》《吉祥密金刚续第四章》《吉祥轮戒律无量续王》《智慧密续王》《吉祥月鬘续王》《吉祥贪之续王》《大自在陀罗尼论》等。其次还有《金刚幕》《三礼札》等密典。

卓弥译师卒于藏历第一饶迥之木虎年（1075年），享年83岁。卓弥的生卒年代又一说为公元994年至1078年，待考。

注：

①毗札玛西那寺：即超岩寺、超戒寺。古印度波罗王朝（约765~1200年）时期的著名古刹，建于8世纪末。10世纪时，该寺与那烂陀寺齐名，成为印度密教中心。一些来西藏传法的著名大师，如寂护、阿底峡等，都曾在这两座寺院任过住持。卫藏、多康地区的高僧，凡留学印度者，也多在这两座寺院拜高师学法。

②父续：金刚乘中，主要以论述幻身或现分方便生起次第的经典。

③母续：是以阐述智慧空分为主的佛教密乘经典。

昆·贡却嘉波
——萨迦寺创建者

昆·贡却嘉波，意为"昆氏宝王"，为萨迦寺的创建者。自称是吐蕃时期贵族"昆氏家族"的后裔，其父释迦罗哲，有两个儿子，长子喜饶次臣，继承和修习父祖先辈的教法，获得金刚杵成就，具有很高的法力和神通，因是严守戒律的僧人，所以没有子嗣。次子即贡却嘉波，于藏历第一饶迥之木狗年（1034年）生在后藏萨迦地方，幼时从父亲和哥哥学习旧派密乘教法，后又学习新派密法，还学习了灌顶和密咒。青年时，有一次当地举行一次歌舞庙会，他去参加了歌舞活动，在众多的游乐杂耍节目中，有一些咒师头戴28位自在母的面具，手持各种法器，奏乐击鼓，他与化装成天女的演员们一起尽兴舞蹈，在庙会上最引人注目，出尽了风头。庙会后，他把这次庙会的情况告诉了兄长，哥哥认真地说："现在学习密法已变了味，走了样，如此下去，今后在吐蕃修习旧密法的人都不能获得较大成就。我们家

萨迦派

所有的教法,都有自己的功效,我们祖上的法要都在芒喀地方的学者卓弥译师那里,你可以去向他学习教法。"说完,将护法神显示神通而发掘出来的伏藏经史、金刚杵修习法、抛朵马食子的仪轨、两套二十五件檀香木金刚杵等传授给弟弟贡却嘉波。此后,贡却嘉波到芒喀牛古垄,但在那里未遇见卓弥译师。在雅隆尸林处,跟钦木译师听受"二观察金刚本续",在即将学完之时,钦木译师去世,临终时嘱咐道:"未学完之法可到卓弥译师处求法。"找到卓弥译师向其求法时,卓弥译师说:"在你父亲去世后,你能否继承先人的事业?可不要走错路啊!"贡却嘉波将他从家乡运来贩卖的17匹马驮的货物连同马匹及作草料钱的一串珠宝全都奉献给卓弥译师,请求传授教法。卓弥译师给他传授了一些"道果"教法,另还传给了新译密法的大部分教法,贡却嘉波因而成为教法之主。之后他又从玛译师、巴日译师、布尚译师等许多大德上师亲尝法味甘露,学习以"道果"为主的新译密法。贡却嘉波在尚域甲雄修建了纪念其父兄的佛塔,塔中安放了一对极有护持力的金刚杵,据说后来这对金刚杵收藏在萨迦寺。他在扎峨隆建一小寺布道,后被称为萨迦旧庙。有一次,贡却嘉波师徒数人一起外出漫步散心,发现温波日山坡土色发白而有油光,山下仲曲河水右旋,仔细观察,温波日白土山犹如一尊青白色大象卧在地上，有许多吉祥表征，风水甚佳。心想："若在这里建一寺院，将会对佛法和众生大有利益。"于是向该地的主人香雄古热哇和四村僧众、七村教民提出请求："我想在这座山上建一座小寺庙弘法。如你们不反对，我可以付给地价。"众人说："不必付地价，请你建立寺院。"贡却嘉波说："若不付地价，恐怕今后会有异议。"于是一匹白骡马、一件女式缎衣、一串珠宝、一副盔甲等作为地价回赠，成为门卓以下、泊卓以上地方的地主。

在贡却嘉波40岁那年，即第一饶迥之水牛年（1073年），择吉日奠基，破土动工，在夏尔拉章所在地修建了一座雄伟的拉章，并修筑了围墙。该地土质呈现青白色，青白色在藏语中称"萨迦"，前人以土色取地名"萨迦"。寺院建成后，以地名取寺名，成为萨迦寺。又以寺名取教派名为萨迦派。后几经扩建，成为萨迦南、北二寺。北寺位于温波日山的半坡上，南寺坐落在仲曲河南岸，大殿三层为其主体建筑，绕以高大宽厚的围墙，藏传佛教萨迦派由此传扬开来。

贡却嘉波一生未曾受戒，娶妻两人，前妻未曾生养，继又娶一妻玛吉香姆，生下一子，此子就是法王萨钦·贡噶宁波，为萨迦派初祖。

贡却嘉波创建萨迦寺后，逐步形成"政教合一"，集

萨迦派

寺主、家族宗主、教派大法师于一人之身，世袭相传，历代如是。

贡却嘉波执掌法座30年，广作利益佛法之事业，于藏历第二饶迥之水马年（1102年）十月十四日在萨迦寺逝世。后世将卓弥·释迦益西尊为萨迦教法导师，将贡却嘉波奉为萨迦派创始人。

萨钦·贡噶宁波

——萨迦派第一代师祖

萨迦派

萨钦·贡噶宁波，是萨迦五祖中第一代师祖，于藏历第二饶迥之水猴年（1092年）其父贡却嘉波59岁时诞生。出生后，其母玛吉香姆在一段时间内保密，不让人知。长妻多吉旺秀尚姆察觉后，说道："我正担忧我们家没有后嗣，如今香姆生了一个儿子，实在是件大好事，请不要对我保密。我自己无子嗣，不需要什么财产，儿子的母亲正需要财产。"于是，除了萨迦寺前面的寺属田地外，其他所有财产土地都给了玛吉香姆母子。

贡噶宁波幼时在父亲跟前学习藏文读写和计算方面的基础知识，并接受了父亲为他进行的"喜金刚灌顶"，听了父亲所有的教法。9岁时父亲谢世，为此举行了占卜，卦中说："如果在一天之内完成发丧、灵塔奠基、继承法座三件事，今后就会吉祥圆满。"其母说："你父亲的老师是一位译师，他曾说译师们的教法是真实而不妄的，他很喜欢这种教法。现在你年纪尚幼，掌管为好。"于是迎请巴日译师，说明原因，将法座交给他代理，巴日译师成了萨迦寺第二任座主(住持)。巴日译师对贡噶宁波说："你是佛主的儿子，应当学习佛法，要学佛法，首先要有知识，你可先修习具足智慧文殊菩萨的阿热巴杂纳五字真言。"他照此修习6个月后，亲见文殊菩萨圣容，他修习的房子被称为"文殊岩洞"。修法后他到绒都米地方向章底·达玛宁布、琼·仁钦扎学习《对法》。又先后投拜阿里以下卫藏各地的上师、译师、班智达为师学习《般若经》《因明论》等新密法类经典，特别是掌握了巴日译师的全部学识。甚至把卓弥译师没有传给他父亲而传给别人的一些教法也学到了。他20岁时，巴日译师代理法座8年期满，这时巴日译师等上师将法座交给萨钦·贡噶宁波，拥他为萨迦寺教主。之后，他为了兼习祖上教法，到昆·格琼扎拉巴那里，请求授给灌顶，为灌顶会供做准备的那天晚上，贡噶宁波梦见有一条被称为轮回之海的红色大河，河的上、中、下架有三座桥梁，河的对岸有许多人呼喊着："救救我！"贡噶宁波用上面的桥救渡过了3个人，用中间的桥救渡过了7个人，用下面近处的桥救渡过了更多的人。第二天一早，上师好像知道似的问他："昨天晚上做了什么梦？"他将梦中情景说了一遍，上师说："你能救渡的人何止3个。"所以上师对他特

萨迦派

别器重,将他所有的灌顶、显密经典、咒语等全部教给了贡噶宁波。由于文殊菩萨的护持,他将所传教法、经典反复修习后融会贯通。

贡噶宁波一生也未出家受戒,以俗家身份住持萨迦寺长达48年,使萨迦派体系逐步趋于完善,势力壮大。由此可见他的地位比他父亲还要重要,因而萨迦派的僧俗把他尊为"萨钦"[①],为白衣三祖中的第一祖。贡噶宁波曾在阿里贡塘的拉孜乃萨向巴日上师学法时,上师为他开许依怙修行法,赐给他修行"羯磨集",以及作为身、语、意依止处的黑色面具,还有用血写在黑缎子上的根本咒语、铁制的九股金刚杵、象征护法神的神像等。由此,后来萨迦派的护法神中有此宝帐依怙,而且在萨迦寺院的门廊里挂有黑色面具,意在守护萨迦寺。

贡噶宁波又向上师尚敦·却贝学完了所有经论,向上师朗格邬巴学习了全套的四面护法神修习法。萨迦派有被称为大、小护法的两位护法神,就源于此。他还培养了许多获得悉地成就的弟子。

贡噶宁波有两个妻子,生有4个儿子,小妻先生一子,名叫贡噶巴,在印度学法时患热病而死。长妻查毛雯巴·玛吉俄珍后生子三人:长子索南孜摩,为他的法座继承人;次子扎巴坚赞(1147~1216年);三子华钦天波

（1150～1203年）。

贡噶宁波于藏历第三饶迥之土虎年（1158年）九月初十逝世，享年67岁。

其著作共有两函，在德格印经院有印版，较著名的有《萨迦教派选集·宝鬘》《喜金刚本续释难》《莲花生大师历史》《金刚帐·受诘录》《贝旦司都巴颂》等。

注：

①萨钦：系藏语音译，"萨迦达钦"之略称，意为萨迦大教主，是萨迦教主的别号。

索南孜摩

——萨迦派第二代师祖

索南孜摩，意为"福顶"，为萨迦派第二代师祖，于藏历第二饶迥之水狗年（1142年）生于后藏萨迦派发祥地萨迦寺。父亲萨迦·贡嘎宁波，母亲玛吉俄珍。据说他是经过印度转生十一位班智达后才转生萨迦寺的。当他出生后，即用梵语说他要脱离儿童之习惯，经常结跏趺而坐，家人十分惊奇。3岁时，他目睹至尊文殊菩萨、吉祥金刚、至尊度母、不动金刚等圣容。口诵《密乘三续》《胜乐本释论》《汇集论》等方面的经论。之后跟父亲修学以金刚乘汇集的"密续释""修行坛城""灌顶法""经教导引""教言"等经教，无一不通。16岁时他心中能默诵《十四续部》，并精通《金刚乘经论》。17岁时，他将寺院交给13岁的弟弟扎巴坚赞住持，自己到前藏桑普寺从恰巴·却吉僧格等大师主攻《因明论》《声明论》《般若》《戒律》《俱舍论》等经论长达11年，成为通达者，在恰巴·却吉僧格的众

萨迦派

弟子中成为数一数二的尖子生,颇负盛名。26岁时他在纳拉泽乃波且的宫殿中著成《佛法入门》一书。从27岁始,他又住持萨迦寺3年,这期间曾获得"世间佛教骨干"的头衔。他一生为弟子和信徒讲经说法,为萨迦派普及和研究佛教正统理论及其他知识做出了非凡的贡献。故人们称他为索南孜摩上师。他身着白色法衣,是萨迦"白衣三祖"之一。

索南孜摩于藏历第三饶迥之水虎年(1182年)逝世,年仅41岁。

其著作有《佛法入门》《金刚座六法》《入菩萨行论注疏》《喜金刚第二品注释——太阳之光》等,共三函,德格印经院有刻版。

扎巴坚赞

——萨迦派第三代师祖

萨迦派

扎巴坚赞,是萨迦五祖中的第三位,于藏历第三饶迥之火兔年(1147年)十一月十八日出生在萨迦寺,父萨钦·贡噶宁波,生有四子,扎巴坚赞排行第三。刚会说话时就喜宁静而厌烦嘈杂的环境,脱掉了孩子的稚气。8岁时他在香散达瓦坚赞处受净梵近事戒。时隔不久,即出家为僧,他喜欢出家僧人,经常参加比丘僧们进行的长善净恶的佛事活动,不食肉,不饮酒。10岁时他学习《律仪二十颂》和《莲花修行法》。11岁时他将《律仪二十颂》等讲给别人听,人们甚感惊异,称他为具智慧者。12岁他学习父亲所知晓的《喜金刚续》《胜乐论》《时轮法》《大威德法》等,一学即悟。据说,他13岁就正式登上了萨迦寺法王的宝座,在其兄索南孜摩和管家的协助下,以及各僧官的支持下,治理政教事务长达57年,将萨迦寺治理得井井有条。13岁时他的父亲在前藏去世,自此开始到他70岁之间,学习密宗和修持密法的事业从未中断过，熟记了大量的密宗诀窍和密宗术语、用语。用他自己的话说："我不是一个广闻者，而是一个博览者，所有的三藏经论无一不看。"他在一昼夜间可修持七十种不同的坛城法。

在讲经方面，无论难度怎样大的经典，他在既不熟悉，也不提前阅读的情况下，拿起经典一面念诵，一面讲解，弟子们易懂易记，无不称赞他的讲经效果。辩经时，凡对方提出的问题，他不是回避，而是广征博引，举一反三地进行回答，循循善辩，让辩难者理尽词穷。他经常组织上百僧人的法会，讲经说法，广学佛典，辩论佛教哲理，提高僧人的佛学水平，锻炼僧人的思维能力和辩经口才。

扎巴坚赞的一生，广学博览，持戒严谨，修善施供，不贪财敛财。他将僧俗给他的供养用于修建佛殿、佛像、佛塔，印制佛经，以及寺院建筑上的装饰等方面。他集资修建了有名的萨迦乌泽娘玛佛殿，建造了喇嘛贡却杰布的内供金制灵塔、喇嘛萨钦的吉祥多门塔、论师及弟弟的金身等，并在佛像、佛塔前常供百盏酥油佛灯。在殿堂内外制作伞盖、梵幢、华盖（悬在佛像顶上的垂帷）、金银供器、铃杵等。用金汁书写《甘珠尔》大藏经。用一部分白银和珠宝建造前辈师祖的灵塔和殿堂，用上等绸缎制作法衣和跳神舞的衣帽、面具、华盖等。总之，

萨迦派

他将供奉给他和寺院的财物供献给三宝佛,或布施给贫苦农牧民积功德。直到他临终时,除了一块坐垫、一套袈裟外,他手中连芝麻粒大的黄金也没有,全寺僧人为此而称奇称善。

扎巴坚赞说:"在我的一生中做了许多不可思议的奇梦,有些奇梦作了笔录。有时梦见天神和神女给我作灌顶、加持;有时梦见先祖先师讲经传法。"56岁时,他看见上师贡噶宁波在光明天神中示现智慧身,向他明示近传道果法的手势的意义。61岁他梦见极乐世界的使者多次前来迎请,因自己教化此方众生的事业尚未完成,没有前往。一次,见萨班在他眼前现身,他俩同时都看到极乐世界。他对萨班说:"我也快到那里去了,在那里停留一段时间后到香巴拉去,着转轮王的服装护持彼方,此后的三生中有可能证得不舍肉身的大手印成就。"

相传扎巴坚赞在绛地方的尼隆山洞中修行时,穿着蒙古服装的许多骑士来到他住的岩洞前,其中有几个人下马走进洞中在他跟前坐下,一个碧玉发髻、白海螺牙齿、相貌非凡的少年站起来,将蒙古语译成藏语,请求说:"我是蒙古的战神白梵天神,请尊者你到蒙古地方去,在那里弘传佛法,将会利益天神和众生。"扎巴坚赞说:"我已年迈,与你们蒙古没有大的法缘,将来你们迎请我的侄子贡噶坚赞才会有大的益处。"

扎巴坚赞不仅是一位精通显密经论的大学者，还是一位通晓医学的藏医师。他的著作有115种，集为四函。其中医学方面的著作有《医术王宝库》，主要分《医头术·无垢白莲》《身体总论注释·明灯》等。《佛历年鉴》一书是他临终时才完成的，有德格印经院刻印本。

扎巴坚赞于藏历第四饶迥之火鼠年（1216年）二月十二日示现圆寂，在萨迦大殿有其塑身像。

萨班·贡噶坚赞

—— 萨迦派第四代师祖

萨班·贡噶坚赞，译言"萨迦班智达遍喜幢"，为萨迦世系五祖中的第四代师祖。于藏历第三饶迥之水虎年（1182年）二月二十六日生于后藏萨迦地方昆氏家族。父亲是萨迦初祖之第四子，名叫贝钦沃波，母亲玛久嘎普玛尼赤金，两人生有二子，贡噶坚赞为长子，幼名叫巴丹东珠。

据《萨迦世系谱》记载：孩子出生之时，天空佛光普照，出生后，即口说一些梵语，母亲听不懂梵语，认为是一个哑巴，让父亲来听辨，只见孩子用手指书写印度文字的全部元音、辅音字母，并能流利而清晰地念诵，念完即将字母擦去。他在孩提时无论是印度语或藏语皆无师自通。从小出家依三伯父扎巴坚赞受沙弥戒，取法名贡噶坚赞，学习萨迦派的显密教法，后来又从迦湿弥罗（今之克什米尔）班智达那西拉学习佛教经论及注释，同时学习声明学。贡噶坚赞从小聪慧过人，据说9岁时即能给人讲经说法。18

萨迦派

岁学习《俱舍论》。火虎年（1206年），他25岁时，喀且班智达释迦室利和他的弟子僧伽室利等高僧应噶举派绰普译师之请，来西藏传法。他在年麦（即年楚河下游一带）以释迦室利为堪布，以吉勒巴钦波为阿阇黎，以许仓巴为密法师，在印度和吐蕃的僧众之中受戒出家，之后又受了比丘戒。他将萨迦夏尔拉章交付给夏尔巴·喜饶迥乃，自己修建了希托拉章（即希托行宫）。他师从释迦室利等许多印度和吐蕃的大学者，特别是长期跟随释迦室利的心传弟子班智达达那锡拉，不离左右，学习法称论师著的《释量论》，他还学习了《现观庄严论》、声明学、工巧明、星象学、医学、诗词、韵律、歌舞音乐、修辞等，并广泛学习密宗经典，成为淹贯三藏和五明的学者，人们尊称他为大班智达。贡噶坚赞自受比丘戒后，依律守持，还学习了《戒律本论》等戒学，由此而著《明藏论》《分别三律仪论》，尽破当时"邪恶"之见。贡噶坚赞的名声遍及印度，印度南方的外道学者绰切嘎瓦等6位大师慕名来藏批驳佛教，贡噶坚赞也到达芒域吉仲的圣哇第桑寺，双方在附近的集市展开辩论，在13天的辩论中，萨班以无双的智慧和辩才而大获全胜，绰切嘎瓦等被折服，拜萨班为师，皈依佛门出家，将剪下的发辫交给萨班带回存放在萨迦寺的旧护法殿中，从此他的名声誉满印藏各地。35岁时被推任为萨迦寺座主。

萨班·贡噶坚赞生活的时代，正是蒙古成吉思汗军事力量在中国北部崛起和扩张的时代。据记载火虎年（1206年），成吉思汗西征途经青海柴达木时，曾致书给萨迦座主第三祖扎巴坚赞，当时西藏也派出了代表与蒙古军队首领联系见面，因当时蒙古军队的注意力集中在内地，尚未考虑向西藏进军的事，故无结果。土猪年（1239年），窝阔台子阔端领兵驻扎凉州（今之武威），后他派大将多达那波统兵攻入西藏，一直打到藏北，烧毁彭波杰拉康寺，屠杀500多僧人，噶当派的祖庭热振寺也惨遭破坏。多达那波当时发现，东到工布，西至尼泊尔，南至门隅的整个大片藏土，都是由地方势力所割据，彼此不相统属，佛教各派势力亦彼此交错，其政治和经济力量十分薄弱，无力抵抗蒙古军事力量。于是他把当时西藏地方佛教各个教派的情况向阔端如实报告。报告中说："现今藏土唯噶当派丛林（寺庙）最多，以品德论则达隆法王最为贤达，就威严而论则直贡巴京俄大师具有大法力，在佛法方面，萨迦班智达学富五明，影响最大。"阔端根据多达那波的报告，经过再三慎思，决定沿用其祖先成吉思汗所用的笼络做法，让其协助自己统治藏区民众。于是藏历木龙年（1244年），派多尔斯衮和本觉达玛二人携带诏书进藏，邀请萨班·贡噶坚赞到凉州商谈卫藏归顺蒙古事宜，并携礼品五大锭银子，

萨迦派

镶嵌有6200粒珍珠和宝石的袈裟一件，琉黄色的长坎肩一件，靴子一双，两匹古钱花缎子，等等。其诏书全文如下："长生天气力里，大福荫护助里，皇帝圣旨。晓谕萨迦班智达贡噶坚赞贝桑布。朕为报答父母及天地之恩，需要一位能指示道路取舍之喇嘛，在选择之时选中汝萨班，故望汝不辞道路艰难前来。若是汝以年迈（而推辞），那么，往昔佛陀为众生而舍身无数，此又如何？汝是否欲与汝所通晓之教法之誓言相违？"并胁迫道："吾今已将各地大权掌握，如果吾指挥大军前来，伤害众生，汝岂不惧乎？故令汝体念佛教和众生，尽快前来，吾将令汝管领西方众僧。"萨班早在年轻时，他的大伯父扎巴坚赞曾对他预言道："你一生中的某个时候，将会有名曰迎请者从北方而来，那时你不要心生疑虑，应当前去，对教法和众生都大有利益。"当萨班接到阔端的诏书后，马上想起伯父的预言，加之在阔端的劝请和胁迫下，虽已是63岁高龄，但他为了西藏佛教和民众免遭涂炭，不顾个人安危，不顾年老体弱和道路险阻，毅然以卫藏地方势力的代表身份，应邀前往凉州与阔端会晤，并携带10岁的八思巴和6岁的恰那多杰两位侄子前往。临行前，他委派吾佑巴大师索南僧格和夏尔巴·喜饶迥乃为却本，负责教法方面的事务，又委派仲巴·释迦桑布为内务总管，负责管理行政事务。他们一行从后藏萨迦出发，沿途经夏鲁寺、纳塘寺，抵达前藏，当途经拉萨时，萨班先让两个侄儿和部分随从人员去凉州，他自己则取道卫藏及康、青、甘各地，一路讲经说法，广为教化僧众信民以进一步博得众望，同时与各地方势力的僧俗首领磋商，劝说顺应时局的发展，共同归顺蒙古大汗，由于沿途教化、劝说，历时两年多，直到藏历火马年（1246年）才抵凉州。此时阔端已去参加贵由汗即位的典礼，直到火羊年（1247年）正月，阔端从和林返回凉州后正式进行了会谈。萨班劝导卫藏各地方势力和各个教派领袖人物归顺蒙古汗王，并为阔端治好了病，阔端赐给佛教徒居于其他宗教人士之上的特殊权利，萨班也成了阔端的应供上师。这是蒙古汗国与萨迦派正式建立关系之始。此后萨班又到五台山为许多佛教徒讲授显宗教法，此时西藏的喇嘛、弟子、学者们多次来信请求萨班返回西藏。萨班给西藏地方的地方头人和善知识、施主、大德等写了一封归顺蒙古大汗的劝导信，信中反复晓谕归附蒙古汗国的意义。这就是载入《萨迦世系》著名的《萨班致蕃人书》，这封公开信珍贵而翔实，提供了一个无可争辩的历史事实：即蒙古认可萨迦派在全藏区的领导地位，萨迦人员被任命为蒙古代表，全权治理西藏地方建立行政体制，奠定了西藏地方直辖于中央的基础，这是西藏成为祖国领土不可分割的一部分的历史佐证。

萨迦派

萨班·贡噶坚赞不仅是一位有远见卓识的政治家，而且也是一位学识渊博的佛学家和文学家。他一生著述很多，在佛学方面有《用世间善法之方弘扬正法之道》《正理论藏》《向菩提勇识请教关于经籍总要之书信》《教派智慧》《波罗蜜多经巨著》《至尊著无主母赞之法疏》《金刚乘语诀五缘起之字》《秘道说与上师瑜伽》《佛陀赞》《释迦牟尼赞》《观世音二赞词》《文殊绘画赞》《桑耶寺赞》《文殊赞之注疏》《三律仪品》《大发心经论》《次取佛法论》《十行法》《四离贪欲论》《大乘道论概述》《贤者必要入门》《经义善察论》《教派理论正解》等；工艺学历算类有《工巧论》《身躯论》《察地》《佛宝之算法》《佛像量度论》等；医学有《医论八支摄要》；语言文字方面有《入声论》《语言之略义》《文字组合》《贤者口饰促发修伽陀之悲心》《韵律之花束》《词汇之宝藏》等；戏剧类有《极喜地入门论》《乐器论》等；他所著的《萨迦格言》和《萨班智者入门》，对于藏族文学的发展有重大影响，表现了萨班在文学上的才华和成就。其中《萨迦格言》是以封建社会处世理论和伦理道德为主要内容的格言集，其中吸收了不少藏族人民生活斗争的经验，有很多富于哲理性的名句，不仅在藏族人民中广泛传诵，而且译成汉文、蒙古文等多种文字，受到国内外学者的赞赏。

萨班·贡噶坚赞于藏历第四饶迥之金猪年（1251年）

十一月十四日卒于凉州。据说萨班在70岁那年（1251年）九月患病，十一月十四日凌晨，在勇士空行母迎接的隆重仪式中离开世间。十七日真神出舍，蒙古汗王为他举行了盛大的悼祭活动。二十五日用紫、白檀香木火化时，烟中显出八大吉祥图案。阔端为他建造了大灵塔，其舍利遗骨大部分供藏于大灵塔内，一部分舍利灵骨送往西藏萨迦寺供养。这座大灵塔称凉州白塔，其侄八思巴等贤哲为之开光。白塔寺和大灵塔几毁几建，现有白塔寺石碑，碑高50厘米，宽30厘米，厚10厘米，藏于白塔寺，题为《重修白塔寺碑记》。现今在此处还塑造了汗王阔端和萨班二人骑马的塑像，另还塑有八思巴像。

八思巴·洛哲坚赞

——萨迦派第五代师祖

八思巴·洛哲坚赞，意为"圣者慧幢"，旧译帕克思巴、梵僧八合思巴等，是后藏昆氏家族后裔，为藏传佛教萨迦派第五代师祖。他不仅是萨迦派的一代宗师，也是藏族历史上的又一位政治家、佛学家和语言文字学家。

八思巴于藏历第四饶迥之木羊年（1235年）出生在后藏昂仁吉鲁孔地方。他是桑察索南坚赞五个妻子中的玛久更嘎吉的长子，幼年颖悟，聪明过人，有过目不忘之才，博学无厌。《元史释老传》中说他7岁时，就能"诵经数十万言，能约通其大义，国人号之圣童"。由此人们尊称他为八思巴（意为圣者）。他8岁时能讲《佛本生经》，9岁时在其伯父萨迦班智达举行的预备法会上，八思巴就敢于讲《喜金刚第二品经》，听众大为震惊，众学者尽皆折服，少年圣童八思巴名传四方。10岁随伯父萨班应诏去甘肃凉州（今之武威），途经拉萨时在大昭寺释迦牟尼佛像前，由

萨迦派

萨班为他披剃出家，授予沙弥戒，取法名洛哲坚赞，并在觉摩隆寺堪布喜饶僧格处学习沙弥戒律。他16岁前从萨班学习大小五明论，一学即悟，长进飞快；17岁时从萨班学萨迦法王的一切教法，尽得其传。

金猪年（1251年）夏，忽必烈驻扎六盘山时，派人去凉州迎请萨迦班智达，萨班以年老多病辞谢。忽必烈又请八思巴前往，八思巴遂赴六盘山与忽必烈相见。见面后忽必烈大喜，留八思巴于六盘山，与八思巴结为施主与福田的关系。不久，因萨班病重，八思巴即返凉州。萨班临终前，将衣钵及法螺等物传给八思巴，任命他继承自己的法位。萨班于当年十一月十四日在凉州示寂，八思巴遂成为萨迦派的新教主。水鼠年（1252年），八思巴在凉州为萨班的灵塔举行了开光仪式。水牛年（1253年），八思巴在一个名叫忒剌的地方再次和忽必烈相见，忽必烈崇敬八思巴的渊博学识、谦虚美德，八思巴对忽必烈亦忠心不二。这期间依忽必烈的要求为他和妻子及亲属子女25人第一次授经说法，并授金刚乘密法①大灌顶，忽必烈奉给他珍珠镶嵌的袈裟、法衣等，作为灌顶的供养。

据《蒙古政教史》载："萨迦班钦之侄八思巴·洛哲坚赞，于水牛年（1253年）与忽必烈会面。可汗问其法义，遂生敬信。但在此之前，可汗敬信噶玛拔希，故曰：'论教法，八思巴为最，但论证德，噶玛拔希为较高。'美丽贤惠的妃子敬信八思巴喇嘛，故将可汗所言告之于八思巴。八思巴为得到可汗信任，请与噶玛拔希斗法，可汗允之。遂于可汗及众臣宰面前，噶玛拔希示现空中跏趺、穿山岩等神通。八思巴则现断自身肢体为五段，各自转成五佛，而后复原为己身等神变。"当时，可汗欲继续留噶玛拔希在其左右，但他不愿意，不久便离开，去北方一带游方传教建寺。1256年噶玛拔希投奔当时的蒙古大汗忽必烈的兄长蒙哥，而八思巴一直跟随忽必烈左右。1260年忽必烈即位，当上了蒙古大汗，八思巴被封为国师。国师是蒙古语，意为"大学者"，全称为"统领释教大元国师"，赐给象征权力的玉印。

水虎年（1254年），忽必烈赐给八思巴一份藏文诏书《优礼僧人诏书》、五十六大升白银、二百块砖茶、八十匹缎子、一千一百匹绸子。诏书中写道：忽必烈汗接受了八思巴的灌顶，封八思巴为国师，让其统领所有僧众。僧人不可违背上师之法旨，要谨慎修行。乌斯藏（即西藏）各教派一律尊重，军官、军人、达鲁花赤、金册使者不准借宿僧舍，对僧人不准欺凌，摊派兵差、赋税、劳役等，寺庙的土地、水磨等谁都不能夺占、强取。

木兔年（1255年），八思巴在河州（今甘肃临夏香根寺）从卫藏和康区迎请了堪布札巴僧格、藏那巴·宗哲僧格、

萨迦派

楚·宣努僧格等名师前来，在严守戒律之二十一名比丘及僧众前接受了诸上师为他授予的比丘大戒。受戒后，八思巴跟随忽必烈去上都。此时，忽必烈派遣大臣答失蛮到吐蕃，将萨迦以下的地方都设了驿站，他是忽必烈派到吐蕃的第一位金字使臣。据说，在此期间，八思巴曾受命参加了西京的佛道两教之争的辩论会。会上，八思巴以广博的学识，无双的辩才，引经据典，使以丘处机（长春真人）为首的众道家理屈词穷，焚其伪经，归还道教所占据的佛刹。

木鼠年（1264年），元朝迁都北京，同年在中央设立掌管全国佛教事务和藏族地方行政事务机构的"总制院"（后于1288年改为宣政院），授命八思巴以国师身份兼理总制院院事。木牛年（1265年），八思巴为了安排西藏地方行政等事务，奉命返回西藏，临行前，皇帝又重新颁发了任命他为西藏政教首领的珍珠敕书。他于次年回到了萨迦，新造石制佛像置于扎西果芒佛塔中及金汁书写《甘珠尔》二百多函。在藏期间，他向克什米尔大学者西达塔喀达帕扎、洛活译师西饶仁钦、纳塘寺堪布钦·南喀扎巴等20多名学者，学习五明和显密经论。于火兔年（1267年）建立了"本钦"制，他推荐萨迦释迦尚波为首任本钦，报经忽必烈正式任命，赐给"卫藏三路军民万户"之印，把西藏的行政事务交由本钦总理，宗教事务则仍归国师掌管，但任免本钦的推荐提名与建议权仍操在国师手中。同时八思巴还在萨迦首创了"喇章"（即活佛、喇嘛的私邸），就是现在的萨迦南寺，后为各教派活佛们所袭用。火兔年（1267年），八思巴为自己设置了十三种职事官员。动身返回朝廷之际，当时纳塘寺名僧觉丹热智写诗嘲讽八思巴说："佛陀教法为衙署乌云所遮，众生幸福被官长一手夺去，浊世僧人正贪图官爵富贵，不懂这三条就不是圣者（圣者即指八思巴）。"八思巴对此作诗回答说："教法有兴衰是佛陀所言，众生的幸福是业缘所定，教化一切要按情势指导，不懂这三条就不是贤者。"1267年重返北京，1268年，在忽必烈遣使入藏调查人口以后，授权萨迦本钦提名，由中央任命了西藏地方的十三个万户，并确定了各万户缴纳贡物之数。于是万户成为中央任命的官职，西藏地方行政建制就正式确定下来，同时也正式规定萨迦是十三万户之首。蒙古族原先没有正规的文字，曾使用过畏吾尔体蒙古文，亦称回鹘体蒙古文，但是这种文字使用不便，容易混读，因此蒙古王室一直希望能创制一种合乎蒙古语言的蒙古文字，萨班到凉州后，试着创制了一种锯齿状的蒙古文字，但未能正式成型。忽必烈即位后，封八思巴为国师，并命他创制蒙古新字，八思巴依据藏文字母和拼读形式将这种新文字创制出来（另有在畏吾尔人文书奴等人的协助下创制出蒙古新

萨迦派

字之说），这种蒙古新字称"八思巴文"。

土蛇年（1269年），八思巴向元世祖忽必烈奉献上他创制的蒙古新字，忽必烈大喜，即刻正式下诏颁行于全国，又设立"新字学士"职官和"蒙古翰林院"等机构来大力推广，并规定凡朝廷颁降玺书、官方文书皆用蒙古新字。这就是历史上有名的"八思巴文"。蒙古新字的创制，使蒙古族人民有了本民族的文字，丰富了民族文化，提高了蒙古族人民的文化素质，便于与其他民族的文化交流。金马年（1270年），八思巴再次给元世祖忽必烈授密宗灌顶，元世祖为酬答八思巴灌顶之恩和创造文字之功，将西藏三区②赐予八思巴作为供礼，还将八思巴晋封为"大宝法王"，其封号从"国师"升为"帝师"。赐诏文曰："普天之下，大地之上，西天佛子，化身佛陀，创制文字，护持国政，精通五明班智达八思巴帝师。"又《八思巴行状》中明确记载："庚午，师年三十一岁，时至元七年，诏制大元国字，师独运摹画，作为称旨，即颁行朝、省、郡县遵用，迄为一代典章，升号帝师、大宝法王，更赐玉印，统领诸国释教。"同时又授予八思巴统领西藏十三万户之职权。

敕封八思巴为帝师之后，元世祖准备在全藏区独尊萨迦教法，禁止其他教派流传。八思巴听后不同意其做法，并谏言："西藏地方的各个不同教派，虽然在教法上有些差异，除苯波教外，都出自佛教一门，并无大的差别。若不许各派自愿信奉其教法，不仅有损汗王陛下国政国威，对萨迦亦无助益。故请允许各教派按其自愿奉行教法。"八思巴这一明智而有远见的建议，显示了一个政治家和佛学家的风范和胸怀，元世祖遂下令允许西藏各教派发展其教法，并为汗王延年益寿祈祷祝愿。

火鼠年（1276年），八思巴在皇太子真金以及西平王奥鲁赤护送下返回后藏萨迦。火牛年（1277年），他为了在广大僧俗中扩大影响，是年在后藏曲弥（即今日喀则境内纳塘寺附近）地方举行了为期14天的转法轮会，八思巴为法会捐献了黄金九百六十三两三钱、白银九大锭、锦缎四十一匹、彩丝缎八百三十八匹、丝绸五千八百五十八匹、茶叶一百二十大包、蜂蜜六百零三桶等，其他零碎物品不计其数，为聚集在这里的七万余僧人讲经传法，加持赐福，传授近事戒。在法会期间真金太子分三次布施给参加法会的七万余名僧每人一钱黄金。藏传佛教史上称这次法会为"曲弥大法会"，十分有名，为藏区三次著名大法会之一。法会后，八思巴自任萨迦法王，任命本钦释迦桑波统领西藏十三万户，僧俗并用，军民兼摄，是为萨迦派在西藏实行政教合一制度之始。

八思巴的一生中除政治和宗教方面的建树外，他还把

萨迦派

西藏的建筑技巧、雕塑艺术和大量的梵藏经典传播到内地、蒙古地区,又将内地的印刷术、戏剧艺术传到西藏,促进了民族、地区间的文化交流。在元朝政府机构里,设有专门翻译梵经的局所,八思巴及其弟子们亲自参加翻译。金龙年(1280年)时,有司奏上八思巴等人新译出的戒本就有500部之多。他的著作有三函传世,其重要著作有《道果传承·礼供》《密续修正·幻树》《续部目录》《帝王教授集·明饰》《菩提道藏》《彰所知论》《萨迦五祖文集目录·幻钥》等,加上仪轨、颂词愿文等达数百种,其中流传较广的有30余种。

八思巴推荐的第二任本钦贡噶桑波,在任中暴虐跋扈,引起了各方反对,背信弃义与八思巴不和。金龙年(1280年)八思巴于十一月二十三日上午太阳如火照耀之时,他吩咐广设供奉三宝的供品,后结跏趺坐,将金刚铃杵置于胸前,一心修定,在种种奇兆伴随下,于萨迦南寺拉康拉章示现圆寂,是年46岁。元世祖闻卜后,派遣以大臣桑哥为代表,率兵入藏举行追荐法事,并处死了贡噶桑波,开始在西藏屯驻蒙古军队,从部队抽调军士补足各驿站缺额,将若干大驿站改由蒙古军队直接管理。

水马年(1282年),造"帝师八思巴舍利塔"。木鼠年(1324年)八月,"绘帝师八思巴像11幅,颁行各行省,俾塑祀之。"追谥为"皇天之下，一人之上，宣文辅治，大圣治德，普觉真智，佑国如意，大宝法王，西天佛子，大元帝师班智达巴思八八合失。"

注：

①金刚乘密法：即"密宗""密教"。为受法身佛大日如来深奥秘密教旨传授，主要经典是《大日经》《金刚顶经》等。密宗强调依法修习"三密加持"，即手结印契、口诵真言、心观佛尊，使身、口、意"三业"清净，与佛的身、口、意相应，即身成佛。密宗仪规烦琐，对设坛、诵咒、供养、灌顶有严格规定，需由上师秘密传授。

②西藏三区：系古代藏文典籍中，划分青康藏地区时，称卫藏为教区，多堆为人区，多麦为马区。这里多堆指康区，包括昌都、青海玉树等；多麦多指安多，即青海、甘肃、四川阿坝西北部地区。

嘎·阿尼胆巴
——元代萨迦派高僧

嘎·阿尼胆巴，法号贡噶扎巴，译言"普喜称"，元代藏传佛教萨迦派名僧。于藏历第四饶迥之金虎年（1230年），出生在青海玉树上丹麻噶哇隆巴（今之青海省玉树藏族自治州称多县称文乡上庄）地方一藏族家中，家族姓氏为噶氏，是藏族古代四大姓氏之一穆查氏中的一个分支。双亲早亡，幼孤，只有一弟，由其叔抚养，名叫嘎·阿尼仲巴。据说胆巴生相独特，两颗门牙外露，常不能闭口合唇，但生性聪慧，口齿伶俐，记忆超群，且好学善思。他自幼接受教法熏陶，至有"闻经止啼"之说，叔父"知其非凡"，就带他去西藏，在后藏萨迦寺从萨迦班智达贡噶坚赞出家学经。萨班法王试以梵咒，他念诵如流。认为此子宿积聪慧，日后当与众生作极大饶益，很得赏识，认定必成大器。12岁受沙弥戒，取法名贡噶扎巴。因他勤奋好学，学业突出，这期间结识了比他小5岁的八思巴。八思巴对胆巴非

萨迦派

常敬重。木龙年（1244年）八月，萨班应阔端召请，带其侄八思巴和恰那多杰等赴甘肃凉州，和谈西藏归附蒙古事宜，胆巴奉萨班之命赴康区学法弘法。

水牛年（1253年），24岁的胆巴应召到北方蒙古皇室，讲演《大喜乐本续》等经文，四众悦服。之后，八思巴派胆巴赴西印度（克什米尔一带），参礼高僧古达麻室利，学习梵文经典，尽得其传，同时遍参高僧名师，学习经、律、论三藏，深入法海，博采道要，显密双融，空实兼照，独立三界。胆巴学成后返乡。金猴年（1260年），忽必烈即大汗位为元世祖，封八思巴为国师，统领天下释教。木鼠年（1264年），忽必烈定都北京后，八思巴和其弟恰那多杰一同返回西藏，途经玉树丹玛噶哇隆巴时，从印度返回故里的胆巴隆重地迎接了八思巴一行，并恳请八思巴在这里弘传萨迦教法，于是在这里举行了集结僧俗万余人的盛大法会，由八思巴讲经说法，传授灌顶，因而丹玛的噶哇隆巴改名为"称多"，即现在的玉树称多县，意为"万人聚会"。法会后，胆巴随八思巴同往萨迦，成为八思巴的亲授弟子，在萨迦寺学法，并受比丘戒，八思巴给他取名为嘎·阿尼胆巴·贡噶扎巴，简称"胆巴"。火兔年（1267年），胆巴奉命返回称多创建"尕藏班觉林"，俗称尕藏寺，据说寺名由八思巴所赐，胆巴自任住持。这是称多境内历史最久、建筑规模最大的萨迦派寺院。土龙年（1268年），八思巴奉旨回京又经过称多时，赐给胆巴释迦牟尼唐卡像一幅，兰纸金银字大藏经一套、镏金铜塔一座、九股金刚铃杵一个，并亲自向该寺颁赐藏、蒙、汉几种文字合璧的命书一道，为寺院给予多种特权。八思巴又赐胆巴象牙章和檀香木章各一枚，授其管理当地政教事务。在八思巴的扶持下，也由于胆巴经营有方，该寺发展较快，鼎盛时寺僧多达1900人。胆巴为了纪念八思巴在玉树称多地区的弘法活动，在八思巴曾讲过经的噶哇隆巴处，建成白玛嘎波（白莲法座），成为当地重要的佛教遗迹。金马年（1270年），胆巴随国师八思巴同往北京，朝见元帝忽必烈。经八思巴推荐，忽必烈封胆巴为金刚上师，后成为国师，在元廷多次参加或主持各种佛事活动，并奉诏去山西五台山驻寿宁寺。他在寿宁寺建立道场，传授藏密金刚乘大法，主持祭祀佛教护法神"摩诃伽刺"。在五台山期间，他勤于法事，严于戒律。他懂藏医，为五台山僧人和周围俗民治病，深受爱戴。水猴年（1272年），八思巴去甘肃临洮之时，把胆巴召回大都，将朝廷宗教事务托付给他掌管。1281年，忽必烈令胆巴赴长春参加佛、道两教辩论《老子化胡经》的真伪，因胆巴通晓藏、汉、蒙古、梵等文字，以其佛学知识和善辩才能，经过认定是伪作，辩论后将《老子化胡经》

萨迦派

焚毁。翌年，为配合元朝对康区的用兵，胆巴奉忽必烈之命，在元朝皇子及其所率军队的护送下，赴四川康区。在甘孜、德格、炉霍一带活动达6年之久，利用其崇高的宗教地位和广博的佛学知识，倡建寺院，讲经说法，安抚人心。相传他在这些地区共建108座佛殿[①]，各佛殿上均饰以大鹏头飞檐，殿内供奉佛像和藏文大藏经。总之，胆巴为元朝加强对该地区的统治起了重要作用，火猪年（1287年），曾为胆巴弟子的桑哥（今青海省化隆县人，又有甘肃临洮噶玛洛地方人之说）被忽必烈任命为尚书左丞相，兼总制院使。1289年，桑哥奏请忽必烈从康区召胆巴回京，继续在朝廷主持佛事和其他宗教事务。不久，因获罪朝廷，一说被桑哥排斥，被只身流放到广东沿海，一度驻潮州开元寺。他使枢密使月的迷失信奉了佛教，还重修了已毁的潮州净乐寺，使之成为藏传佛教寺庙。在这里虽受湿热瘴疠之苦，但他还利用这一机会在广闽一带弘传佛教，使当地居民第一次接触到来自雪域藏文化的气息。不久桑哥失势被诛，1291年胆巴被忽必烈召回大都。此时忽必烈年迈多病，1293年曾召他入皇宫内建观音狮子吼道场祈禳，忽必烈病情有所好转，打算在五台山为胆巴修建寺院，命伯颜、苏和卿等查看地形，绘图呈给胆巴，但尚未动工，忽必烈驾崩。翌年四月，元成宗铁穆耳继位，对胆巴更加尊崇，在朝会上，胆巴的座位紧挨着帝师的座位。元成宗还按胆巴的意见下令免征天下僧伽税粮。1295年,元成宗命胆巴国师担任大都的大护国仁王寺住持,这是一座京城的皇家寺庙。出任时,元成宗命太府给他以皇帝出行时的仪仗,由百官护送。1302年,元成宗出巡柳州时患病,命他赴柳州修法7昼夜,成宗病愈,遂命天下僧人普读藏经,大赦天下。皇帝和皇后还将自己佩戴的七宝牌、宝珠璎珞等布施给他,赐车辇、骡马、白玉鞍辔、金制曼荼罗、黄金等,并派御前校尉10人给胆巴当出行时的前导。3月,元成宗继续北行,命胆巴乘大象走在皇帝的车驾之前,镇伏邪魔,护卫皇帝的安全。水兔年(1303年)夏,胆巴于上都患病,成宗派御医诊视,5月终因不治而圆寂,享年64岁。

胆巴谢世后,元成宗赐沉香及檀香木等火化遗体,并命大都留守送其舍利到大都,于大护国仁王寺安庆塔中安奉。水牛年(1313年),元廷又追封他为"大觉普慈广照无上帝师"。元代著名书法家赵孟𫖯曾书《大元敕赐龙兴寺大觉普慈广照无上帝师之碑》,简称"胆巴碑",这是公认的书法珍品,也是胆巴的简史。如今虽然塔、碑无存,但那精美的碑文拓片却仍然珍藏在故宫博物院中。

胆巴终生弘扬佛法,是在国内外宗教界有显赫地位和极大影响的一代名僧。1955年,斯里兰卡佛教信徒为纪念

萨迦派

释迦牟尼涅槃2500周年,发起编纂英文佛教百科全书,要求各国佛教界给予支持和合作,中国佛教协会遵照周恩来总理的指示组织编写的条目中,元代藏族僧人收有胆巴、八思巴、布敦3人。有关胆巴的词条还收入中国佛教协会编写的《中国佛教》一书。自此,胆巴进入世界佛教名僧之列。

注:

① 因"108"是个吉祥的数字,藏传佛教中的著名高僧大德到一个地区传教弘法,都有建了108座寺庙之说,其实是数量较多的意思。

夏尔巴·嘉央仁清坚赞

——萨迦派大元帝师

萨迦派

夏尔巴·嘉央仁清坚赞，意为"文殊宝幢"，夏尔巴是西藏古时一部族名。这里所说的"夏尔巴"，在萨迦寺有东西两院，东院在藏语中称夏尔，因嘉央仁清坚赞在主持萨迦寺教务时，常住在东院，他的夏尔巴之名由此而得，成为僧俗对他的尊称，在元史中译为"辇真监藏"。他是萨迦寺细脱喇章寺主，全寺第九任住持，为萨迦派第六位大元帝师。

嘉央仁清坚赞于藏历第四饶迥之火蛇年（1257年）出生在萨迦寺。他是八思巴的亲炙弟子夏尔巴西饶迥乃未出家前所生的第三个儿子，自幼进入萨迦寺经院学习显密经论和共同文化知识，经20多年的修学，成为一位饱学之士。他虽不是萨迦昆氏族裔，但在30岁时，即藏历第五饶迥之土牛年（1289年），奉忽必烈之命任萨迦细脱喇章的住持。从达玛巴拉去世到达钦桑波未至后藏的12年，加上达钦桑波回到西藏后没有出任住持的18年，总共30年间由仁清坚赞担任萨迦寺住持。其原因是怙主恰那的儿子达玛巴拉去世前称达钦桑波哇不是萨迦昆氏后裔，皇帝遂将达钦桑波哇流放到内地东海一小岛上。不久达玛巴拉逝世，萨迦后裔绝嗣，在萨迦寺的政教事务无人主持管理的情况下才任命仁清坚赞担任住持。在30年间，他为了改变萨迦寺在政教诸方面的衰落现象，在寺内首先招集寺僧，继承先师们传下来的优良学风，大兴讲经说法之风，举行各种佛事仪轨，完善寺规，要寺僧严守戒律，使萨迦派较以前有了很大发展。同时他集资修缮了各个旧佛殿、经堂，修建了大佛堂楼上围廊的瑜伽部以下的148个大坛城，密集部的639个坛城，共计787个修法坛城，不同的坛城，有其不同的内涵，因而其图案设计亦不相同。由于他精通显密经论及其教义，每个坛城的图案都是他亲自设计和绘制的，这些坛城留存至今，成为珍贵的文物。

水兔年（1303年），元朝皇帝完泽笃（成宗）派人来萨迦迎请他，并封他为成宗的帝师。他于木蛇年（1305年）圆寂。其生卒年又有一说：生于土马年（1258年），于火马年（1306年）将萨迦寺住持移交给达钦桑贝哇后的下半年圆寂，圆寂时年仅49岁。他是萨迦派的又一位大元帝师，担任帝师3年。因此，他在萨迦派的历史上是一位重要人物。

西纳堪布·喜饶益西
——元代萨迦派著名喇嘛

西纳堪布·喜饶益西，是13世纪人。系西纳家族萨迦派喇嘛，其祖上为西纳家族。"西纳"为西藏古代藏族姓氏之一，按藏文拼音应读作"斯纳"，《西宁府新志》中记为"西纳"，相沿成习，西纳家族早在元代建制前，即南宋宁宗在位时就活动在西藏、四川康区、青海、甘肃和蒙古一带。其家族与元王朝很早就有联系，其中西纳·多杰坚赞有两个儿子，兄长西纳蓝巴在西藏建功立业，成为西藏一地方部落头人；弟弟西纳格西在西藏萨迦寺学习佛法成名，带领西藏三位佛学造诣高深的格西一起去蒙古地区弘传佛法，有缘见到成吉思汗，经比试佛法，大汗看到他佛法高深，非一般佛教徒所比，十分崇信，对四位藏族格西给予嘉奖，并准备带四人回宫，因他们要去五台山和普陀山朝觐，经坚辞，大汗准许其他三位去朝觐，固留西纳格西未放行，遂尊为上师应供喇嘛。萨迦派喇嘛系世袭制，可以有家室传衍后代。西纳格

萨迦派

西的后代西纳泽觉,被大汗的小儿子拖雷诺颜收养为义子,加上自己的三个儿子,故拖雷有四子之说,后来西纳家族与蒙古王室联姻,结成姻缘关系,因此关系比较密切。

西纳堪布·喜饶益西是西纳家族的后裔,其生卒年不详,概与八思巴是同时代人,年稍长于八思巴。萨迦班智达叔侄未到甘肃凉州(今武威)前他就在蒙古王室供职。忽必烈即大汗位后,封八思巴为"国师",赐"灌顶国师"玉印,掌天下释教,给西纳堪布·喜饶益西授予堪布之职,管理京师佛教事务。1264年,元朝设总制院,八思巴领总制院事,管理全国佛教和藏区政教事务。西纳堪布活动于忽必烈与八思巴之间,直接从事政教工作,将各方面的事务管理得有条不紊,受到元世祖和八思巴的称赞。1265年,八思巴返藏,一是受比丘大戒,二是受命筹建管理西藏十三万户的萨迦政权,协助朝廷对西藏进行户口大清查,三是创制蒙古新字(八思巴蒙古文)。西纳堪布作为侍者护送八思巴一行入藏。圆满完成护送任务后,朝礼前、后藏许多寺院,设施供养,了其心愿,为了信守诺言,提前起身回京,被朝廷封为宣政院院士之职。因他尽职尽责,办事得力,处理京师和蒙古地区的政教事务得当,元世祖要他在藏区任选一方为其封地,以示奖赏。西纳堪布实地踏勘后,意识到西藏虽地广人稀,但已有十三万户占据,他遂选择了青海的宗喀地区，将东至小西纳（今民和县境内与甘肃兰州相邻）、南至贵德、西至日月山的地区连同属民作为自己选定的封地，呈文上奏，得到忽必烈的准许，还曾赐珍珠敕书一份，嵌有三颗宝珠的虎头印一枚，封西纳家族为宗喀万户，成为宗喀地区政教合一的统治者。

对于西纳家族，元明清三朝的历代帝王几乎都有封赐。明永乐八年（1410年），西纳喇嘛曲帕坚赞被尊为皇帝的上师，赐予"国师"诰封，赐土地、百姓和象牙印章。永乐十年，再封为"慈智禅师"。宣德二年（1427年），又加封为"通慧净觉国师"，赐银印。宣德年间，该师在宗喀地区的湟中西川地方大兴土木，筑城修建"西纳桑珠林寺"，俗称西纳上寺，为萨迦派寺院，是西纳家族统治宗喀地区的政教中心。后来西纳·罗桑克确被西藏地方政府授予"额尔德尼昂索"之职，他在今西纳川的黑嘴儿庄修建了西纳下寺，为西纳昂索的府邸，汉语寺名为"演教寺"，毁于民国末年。

明末清初，随着格鲁派的崛起和塔尔寺的建立，西纳喇嘛改宗格鲁派，其活动中心从西纳寺转向塔尔寺，在塔尔寺建立了西纳嘎尔哇。西纳喇嘛的传承从世袭制转向转世制，形成西纳且哇和西纳琼哇大小两个活佛世系。西纳世系因修建了密宗学院和依怙金刚殿等建筑，对塔尔寺的建设贡献较大，因此其佛位也较高。

喇钦耿嘎·罗哲坚赞

——萨迦『灵童』大帝师

喇钦耿嘎·罗哲坚赞，《元史》译作"公哥罗古罗思监藏班藏卜"，意为"普喜慧幢"，于藏历第五饶迥之土猪年（1299年）生在萨迦寺的喇章中。父亲达钦，母亲玛吉旺姆。

耿嘎罗哲坚赞从小就惹人喜欢，佛教中所说的身、语、意俱佳，且懂礼仪，聪颖而仁慈。他初学藏文写读，一学即晓，之后学《喜金刚续二品》，9岁时即会朗朗唪诵，僧众皆惊叹不已，后来闻习因明学经典，经辩论研习后成为通达者。他听受萨迦派祖传教法后皆一一领会于心，从此美名远扬。元帝武宗闻其名而遣金册使者前来召请，土鸡年（1309年），年仅11岁的耿嘎罗哲坚赞奉召赴京，受到武宗皇帝及其大臣们的热烈欢迎，并为他设宴洗尘，之后在宫中讲说三乘[①]，使君臣及皇后、皇太子皆心满意足而生敬仰。他后来又陆续讲授了一些深广教法，皇室内外无不敬信，元帝遂赐封

萨迦派

"大教主"之称号，年轻的耿嘎罗哲坚赞也义不容辞地担负起教主的重任。

水狗年（1322年），他24岁时，对西藏的故乡及众生甚为思念，尤其想受具足戒（比丘戒），向皇帝呈述他的心愿，征得元帝准旨，是年起身返藏，沿途做了许多受人称赞的善事。朝廷恩赐的大量资财，他大部分花在购置金银粉和朱砂抄写的《甘珠尔》大藏经，迎请印度大班智达和大译师翻译经典，供养上师及布施僧人、贫穷者等广大利益众生之事上。他回到本寺后，给几位佛学大师进行赏赐，给在寺的几万僧人放斋衬——每人一钱黄金。就在此时，他才正式受了比丘戒，成了真正的比丘僧。他先后从几位善知识学习"灌顶法""密续""诀窍续""加持法类"等甚深密法和显宗经典，并熟记心中。他就这样对西藏众生普施教法和资财布施，尤其上奏折于大元皇帝，请求在西藏免征赋税，得皇帝恩准，使雪域人民减轻负担，安居乐业。

木鼠年（1324年），他24岁时，父亲与世长辞。耿嘎罗哲坚赞将喇章分给兄弟几人，给喇嘛克宗巴分给水晶印章和玉陀喇章，分给帝师勤郡金印和拉康喇章，分给绛央端月坚赞水晶印章及仁钦喇章，将金印及德却喇章分给耿噶勒巴。之后他又应元帝之召赴京，君臣及后妃、太子带领队伍作盛大欢迎仪式，迎入皇宫。他在京城讲经弘法，使京城的佛教犹如苑林优婆罗花受日光照射般盛开起来。耿嘎罗哲坚赞在京城前后驻锡16年之久，于公元1315至1325年历任仁宗、英宗、泰定帝三朝帝师，其声誉与八思巴不相上下。

《萨迦世系谱》中记载，耿嘎罗哲坚赞于藏历第六饶迥之火兔年（1327年）二月在大都梅朵热哇大寺中圆寂，年仅29岁。

注：

① 三乘：谓引导教化众生达到解脱的三种方法、途径或说教。又称声闻（听闻佛陀教言的得道者）、缘觉（观悟十二因缘之理而得道者）、菩萨（修持大乘六度，求无上菩提，利益众生，于未来成就佛果者）为三乘。

雅德班钦
——俄尔埃旺寺的初建者

雅德班钦，于藏历第五饶迥之阴土猪年（1299年）出生在雅德协玛地方（后藏聂拉木县境内一地名）。父阿尼贡却贝，母亲嘉杰却吉。

5岁时他从温波却昂师听受了一次关于"恶趣行续"的劝善法，并从多丹仁敏和觉敦达宗二师学会了藏文基础知识。他从堪钦却贝受近事戒后正式出家为僧，皈依佛门。在热敦·索朗仁钦处受沙弥戒，并学习《律经论》。后由堪钦沃迥和夏钦仁钦迥乃授予比丘戒。他从桑普哇·浩哲村美学习《量抉择论》《慈氏五论》《入行论》《因明略论》《诗论》等显宗经论和诗学，又从法王噶玛·让琼多杰学习"佛海""金刚亥母""胜乐论""怖畏灌顶""六支瑜伽""那若六法""俱生和合""胜乐本续""喜金刚第二品""道情歌""前后本生传续说""念修""辟谷术""热琼耳传"等方面的密法，还从勒多旺嘉学习"日月双修""隐蔽开目"等修习法。他

萨迦派

拜宁玛派名僧古麻拉若杂为师学习"大圆满精要"法三种,从耿邦曲扎贝学习《时轮续释》、"红阎摩灌顶"、《金刚心释》《胜乐赞释》《时轮后续》等极密法类。他在昂洛罗哲丹巴处听受《金刚顶续》《五部地论》《阿毗达磨集论》《能仁密竟庄严》《诗镜》《名称经》等显密经论多种,从宁玛派雍敦巴·多杰贝学习"智净、密集、圆满"法的续部及教言,还有"心密灌顶"、"空行藏"精要教授、"阿若巴口授密法传承""阿若巴小续教言"、杂弥居所传"时轮续释"的灌顶及教言等密宗法。他从夏鲁派名师布敦·仁钦珠学习"时轮经教言全部"、"密集灌顶教言秘诀"、《摄行论》、"成就七论"、《般若经》、"红阎摩圆满法"等多种经教,从纳塘寺大师钦·洛桑扎巴学习《集学论》《入中观论》等显宗经论,从觉囊派名师贡钦笃布巴·喜饶坚赞闻习"殊胜灌顶法"、《了义海论》等觉囊传承法类。他还从噶玛红帽系第一世多丹·扎巴僧格学习《那若六法》《俱生女尼加持》《手印金刚脐轮热琼法》、"修法除障"等噶举派法类,又从萨迦贝丹喇嘛丹巴学习"宝帐略论灌顶""道果法""中观论"的发菩提心等显密教法。据载,雅德班钦一生先后广参教派108位名师学习显密诸论及各教派的传承法类,并进行精研而成为显密双融,尤精于密宗法的大学者,人们尊他为藏传佛教界的大班智达,简称"班钦",因他是后藏雅德地方人，尊称他为"雅德班钦"。其俗家名和法名不详。

因雅德班钦通晓显密经论和大小五明，其著述颇丰，有各类学科的著作一百多种，集为6函。

他于土猪年（1359年）在纳塘西初建了埃旺寺，这座寺院当时规模很小，被称为埃旺日绰，即埃旺静修山寺，他在寺内组织僧团讲经传法，带出一批著名弟子。其中日绰巴·贡波益喜、寺院住持绛央曲贡、克珠绛曲坚赞、堪钦桑吉洛哲等是上首弟子。

埃旺寺后来由俄尔钦·贡嘎桑波大规模扩建，成为萨迦派俄尔支派的正规寺院，和贡嘎南杰、察钦·罗赛嘉措被称为萨迦派三个密宗支派。雅德班钦这位大师，从学识和学法角度看，将他归到哪个教派都比较合适，只因他初建了埃旺寺，故将他归属到萨迦派系统，为萨迦派的一位精通显密的佛学家，具足智慧的高僧大德。他虽是萨迦派高僧，但他从不参与萨迦派的政治事务，专事教务。

雅德班钦圆满完成了弘法事业后，于藏历第六饶迥之土马年（1378年）在埃旺山寺圆寂，享年80岁。

索南坚赞
——萨迦派著名学者

索南坚赞，意译"福幢"，为萨迦派名扬雪域的著名善知识。于藏历第五饶迥之水鼠年（1312年）生在后藏夏鲁康萨（今日喀则夏鲁地区），取名尼玛德维罗哲。刚懂言语就喜欢僧人而不贪恋世俗。3岁时，从大智者绒敦巴·喜饶僧格上师闻习"红阎曼德灌顶法"。8岁时他先后在喇嘛山当巴、喇嘛桑波、仁钦贝桑波等上师处听受"长寿灌顶法""阿惹巴杂那教诫""文殊修法"和《喜金刚续第二品》等教法。一次在仁钦岗等几位三藏法师面前，他遵循印藏学者和父母之言，讲经说法，因他聪明机灵，通达事理，且口才流利，对字句讲得清晰而透彻，三藏法师和在场学者无不叹服，从此声誉大振。后来他又从喇嘛桑波继续学习"喜金刚实施法"和萨迦祖传的全部教法。

11岁时，在喇钦·耿嘎罗哲前受近事戒，闻习了"大乘发菩提心""毗那耶迦玛钦所传随许"法类。他16岁拜

萨迦派

通晓佛学经典的华丹僧格为师,学习《吉祥法轮极成注疏》《金刚鬘》等经教,又从嘉色·陀美桑波学习《因明七论》,成为因明学的通达者。

17岁时,由持律大师索南札巴作堪布,华丹僧格作轨范师,给他授戒出家为僧,取法名为索南坚赞。到20岁时,他在上述两位戒师和喇嘛端萨哇、智加上师等17位佛教大师座前,由曲绛央端月坚赞和两昆季授予比丘戒。他又从亲教师索南札巴和索南桑波学习《律根本》《四分律》①等经典。21岁时,他在仁钦岗喇章学习圣龙树所著《中观本论》及其注释,印度论师月称著的《入中论》及其义释,论师圣天著的《中观注疏》等等中观论著。23岁,他在珀东埃寺从降曲隆巴学习《阿毗达摩集论》《集学论》等。总之,他在26岁以前,曾从索南札巴、索南桑波、布敦·仁钦珠、嘉色·陀美桑波等智修兼备的大学者多人广学显密经典及教法,成为萨迦派一位颇负盛名的大学者。他擅长讲、辩、著,日夜勤奋不止,成绩卓著。

27岁时,元顺帝在一年之中三次遣使召他进京,他坚辞未去。索南坚赞足迹遍履珀东埃、卓门坚、阿里贡塘、拉萨桑耶、聂塘曲宗、达波雅隆等卫藏各地,给那里的僧俗人众讲说《慈氏五论》《上下对法》《中观六论》②《入行论》《因明七论》,以及密咒金刚乘中之《喜金刚三续》《胜乐根本续》《父续密集》等显密诸经典，大转法轮，弘扬佛教正法。据说这期间他曾登萨迦大寺法座主持教务几年，又任萨迦四大喇章之一的仁钦岗喇章的座主。

57岁，他在聂塘聚集的卫藏佛学家中间讲经论法，弘传佛教。61岁时,他讲说《吉祥轮续释》等密法,听经者众多。他在年波寺讲《般若经》，后来曾和许多大学者立宗辩论，辩无匹手，被尊为"大法王"。这期间帕摩竹巴大司徒降曲坚赞和格鲁派始祖宗喀巴大师也曾向他求学显密经论。藏区阿里、古格和甘青地区，另有印度、蒙古、克什米尔、尼泊尔等地的学者名人与他辩论后，都不得不承认他的博学和辩才。

他在因明、般若、中观、密法等方面的著作较多。其中《西藏王统世系明鉴》，又译作《西藏王统记》，是他的代表作，成书于1328年。书中首先概述情器世间形成、印度历代王朝、释迦牟尼出世、佛教兴起，然后比较详细地介绍西藏古代吐蕃历代王朝、佛教流传，直至雅隆地区王族世系等情况，是一部历史著作。其内容中除作者当时所能见到的吐蕃王朝史料外，还采集了不少民间流传的故事传说，另增加了不少佛教内容的故事。故它是一部熔炼历史、文学、宗教于一炉的名著，据说国外学者在研究吐蕃史时也常以它作为重要参考书，所以有多种译文的版本，

萨迦派

流传到世界各国。他还有一部《道果教法史》也很有名。

索南坚赞于藏历第六饶迥之木兔年（1375年）六月二十五日逝世。其生卒年另有1333~1409年之说。

注：

①四分律：即四毗奈耶。佛祖涅槃后，上座部采集律藏，四度完结，故名四分律。此分：《广戒经》《十七事》《请向品》和《杂事品》。

②《中观六论》：龙树所著《根本般若经》《宝鬘论》《回诤论》《七十空性论》《广破入微论》《六十正理论》六部阐述中观之论著。

贡嘎扎西坚赞

——大乘法王

萨迦派

贡嘎扎西坚赞，译言"庆喜祥幢"，在《元史》和《明史》中译为"昆泽思巴"和"公哥泽失坚赞"。于藏历第六饶迥之土牛年（1349年）伴随着种种吉祥之兆在后藏萨迦寺诞生，其父18岁，母亲加茂措。

贡嘎扎西幼年时就知晓世间之事，能说出与自己年龄和一般稚童不相称的话，使人们大为惊奇。少时从自己舅父格西桑布学习大悲观音法，后来逐步学通了梵藏文字及其历算、声律学、语法等，成为一位具智慧者。木龙年（1364年），他16岁时，从大元玉妥·贡嘎仁清和萨桑木德二师剃度出家，起法名贡嘎扎西坚赞，简称贡嘎扎西。他又从轨范师却吉僧格学习《因明论疏》，智慧大增，加之勤奋好学，对《因明七论》无难而通晓，成为萨迦派因明论学者。水鼠年（1372年），23岁的贡嘎扎西，由法王索朗坚赞任堪布，香曲孜摩任轨范师，在十几位比丘僧面前授予比丘大戒，成为僧众的顶髻宝饰，又从达尼钦波闻习显密经论中的灌顶法、诀窍、随许等法。他先后师事父亲大元却吉坚赞、大喇嘛索南罗哲、索朗坚赞等十多位善知识潜心学习教言指导、瑜伽密续、事续、行续等密续四部的教诫和秘诀，皆熟记于心，后来又广泛学习了历代萨迦先哲们的文集和甚深道果教法，成为显密兼通的大学者。他根据学到的广博知识和修习体验，撰写出许多语言精练、辞藻优美的显密著作。他以身作则，严守戒律，广做益于有情之事。所以前来从他受居士、沙弥、比丘戒的信徒超过千人，曾给法会中一万多僧俗弘传萨迦传承的大乘和《中观论》中的发菩提心之法，之后在萨迦圣地乌泽娘玛闭关修习长寿法和成就法达3年，另外在觉囊派的修行胜地觉摩囊不间断地修持生圆二次第双运修法，禅定功力增强，出现了犹如夏季海水涨潮一样的功力。当他第二次来到喀若陀吾静修地修持时，出现了奇异证悟。他在这里修持5个月后，在仆从再三催促下来到拉萨大昭寺，于释迦牟尼佛像前作盛大供养和祈愿。后赴噶当派佛教圣地热振寺朝礼，他在5个月的时间中主要修习密宗次第和菩提道次第法，同时给该寺僧众传授佛教甚深正法。他又先后去年波寺、卓萨寺、嘉玛奈、吉曲下游的帕旺喀、曲宗等寺院和圣地，给广大三藏法师、格西和僧伽大转法轮。继而转赴后藏萨迦、

萨迦派

昂仁等寺讲经传法。特别是在萨迦寺刻印萨迦五祖的文集，塑造吉祥胜乐轮、喜金刚、普明大日如来、红阎摩等坛城，以及用各色绸缎做护法神唐卡像，并为之作了开光仪式。此时，萨迦寺拥他登上了先王的法座，成为萨迦寺法王。他使西藏民众安立于无上解脱之道，佛教之法犹如日光普照大地，从此，贡嘎扎西坚赞的声誉大振。

贡嘎扎西的美名被明成祖永乐皇帝闻悉后，产生了信仰之念，为了巩固明王朝的政权，稳定边疆，两次派金册使者赴藏召请。贡嘎扎西也考虑到萨迦先王与大明王朝早结下法缘福田关系，为使佛教发扬光大，年届63岁的他不顾年迈和长途跋涉，于水龙年（1412年）四月从萨迦启程前往明都南京。沿途他还给有法缘的僧俗传法讲经，敬献三宝佛，赈济贫民，广做利于佛法众生之事，于水蛇年（1413年）二月抵达南京，受到明中央政府的盛大欢迎。永乐皇帝多次设宴款待贡嘎扎西，永乐帝发现贡嘎扎西佛法精深，对他十分敬信。请求他传授密宗之道，贡嘎扎西先给永乐帝传授了喜金刚成熟道灌顶法，又讲授了大黑天护法神随许法，满足了永乐皇帝的意愿，遂被赐予银钞、藏经、鞍马、茶米等物，特意安排他在玄武湖游览观光，之后由大臣和皇子陪同乘巨船水路到达北京。皇帝事先在北京修造了法坪寺让他驻锡。贡嘎扎西在北京期间，广利众生，讲经传法，护持国土，故颇受明廷恩宠。永乐帝按先前施食居士敬奉释迦牟尼之仪轨而尊奉贡嘎扎西，宫廷举行佛事活动，必以贡嘎扎西为首，让众生进入成熟解脱之道。永乐皇帝按惯例，于水蛇年（1413年）五月敕封贡嘎扎西为"万行圆融妙法最胜真如慧智弘慈广济护国演教正觉大乘法王西天上善金刚普应大光明佛领天下释教"，简称正觉大乘法王，颁赐金册金印、各种珠宝镶饰的金制千辐法轮及袈裟、鞍马、伞器等大量财物。

受封后，贡嘎扎西前往文殊菩萨道场五台山朝圣。礼供各佛殿时，晴空中出现了彩虹，在圣地的一处名叫阿斯热的修行洞方向出现一道白光，白光的一端伸向东方，后发现这道白光收拢在大乘法王驻锡的僧舍上空形成白光伞盖，好久才消失，五台山的和尚、喇嘛都看到了这种奇异的瑞象。朝圣后返回南京，给皇帝和文武大臣讲授佛法，传授经咒护持教法。还恳请皇帝大赦了数万名犯罪之人，深得人心。这时，皇帝复赐银造喜金刚九尊、水晶和檀香木雕塑的大威德金刚像、双身宝帐怙主像，以及供器、僧帽、袈裟、金银器具、绸缎、大小帐幕、茶叶、牛、马、骡等无数礼物。于水马年（1414年）元月，贡嘎扎西一行由中官护送返藏。抵达拉萨后，又在大昭寺释迦牟尼佛像前敬献优质哈达、金银供器、各种珠宝镶嵌的曼扎等供物，并参加了正月的神变祈愿大法会，于是年十二月回到萨迦寺。

在萨迦，给各种法会和僧人放布施，为各佛殿佛像、佛塔前献供灯、珍贵供器和内库哈达。利用皇帝赐予的其余财物修葺了几座佛殿。贡嘎扎西在晚年仍学习不止，修持不息，经常坚持生圆二次第密法，修法时常结金刚跏趺坐，一坐就是一昼夜，丝毫不感到疲乏，久而久之，他亲见本尊神、胜乐空行母、智慧天女、吉祥天母等许多护法神，他最终获得了殊胜证悟。他虽年事已高，但目明耳聪，肌肤光洁圆滑，没有白发和皱纹，满面光彩照人。他利用旺盛的精力和渊博的学识培养出了一批才识精湛、德行谨严、心地善良、获得证悟的高足弟子。

大乘法王贡嘎扎西于藏历第七饶迥之木蛇年（1425年）七月十日黎明时分仍结金刚跏趺坐而示现圆寂，享年77岁。

却吉·牛普巴·索南桑布
——兼通显密的萨迦大堪布

萨迦派

却吉·牛普巴·索南桑布，译言"法王牛普巴·福善"，于藏历第六饶迥之金蛇年（1341年）在后藏松朵地方出生。他5岁时，从牛钦·索南旺秀受近事戒；11岁从堪布东珠贝丹受沙弥戒，正式皈依佛门；19岁由堪布云丹嘉措和华丹宗哲二师授予具足大戒。在吉祥萨迦寺，他从涅温·更噶贝听受了《因明论》，此师有四百弟子，后来他成了高足弟子。当时在萨迦有涅温和宗哲两位著名学者，他们都是学习显宗而成名的。其中涅温·更噶贝是觉囊派笃布巴弟子的高足弟子，华丹宗哲是布敦大师弟子的高足弟子。此时，牛普巴在显宗学方面又超过了华丹宗哲。一次，牛普巴、雅楚·桑杰贝、噶玛·官却元努、克巴桑杰培及其他两位共六位萨迦寺的学者到卫藏各地去巡回辩经，启程时，涅温和宗哲二师向萨迦前方的香夏查卡进行短程欢送。由此看出，牛普巴进入了萨迦寺学者之行列。他在桑普寺和泽塘寺宣讲《俱舍六论》而名声鼎沸。然而他自己却很谦虚，深感密宗方面的学识十分浅薄，经不起与人辩论。因此，他又先后从更钦岗巴学习"胜乐论"，从贝旦喇嘛学习"时轮学"，从堪钦绛山学习"六加行"，从玛德班钦学习"无戏论"，从嘉色学习"发菩提心"，从大乘法王学习"道果"，从觉囊·雪勒南杰学习"三百喻法论"等密宗法后，真正成为显密兼通的学者。

后来牛普巴遵照嘉央南喀仁钦之命，修建了华桑旦格培扎仓，任扎仓堪布 16 年，这期间他大兴讲经弘法之风，培育了 300 多名有学识的弟子。他 41 岁时，又受乃东·扎巴坚赞之请，到觉丹格东岗寺担任堪布，这座寺院是尼泊尔喀且班钦在山南倡建的四座寺院之一，他登上了喀且班钦的六狮举顶法座，主持寺院教务，坚持讲经学法之风，培养弟子，长达 16 年，为弘传佛教正法做出了较大贡献，寺院尊他为法王。

牛普巴·索南桑布于藏历第七饶迥之水牛年（1433 年）圆寂，享年 93 岁。

他的众多弟子中较有名者有：却桑尼玛、噶居白玛桑布、噶玛·德银协巴（大宝法王）、噶玛·通瓦敦丹（噶玛巴第六世活佛）、绒钦·释迦坚赞等。

他的著作大部分在年事已高时所著，73 岁时著成《律经释难·甘露精华》,78岁时著了《法界颂疏·意明精要》,80岁时著成《释量论注疏》,81岁时著有《译师回答他空见——教理宝藏》,又名《教理论宝库辨析》,83岁时著成《四分律别解脱经注释》,85岁时著了《宝性论注释》。

仁达哇·循努洛哲
——元代萨迦派著名学者

萨迦派

仁达哇·循努洛哲，是萨迦派在佛教显宗学方面获得较大成就的著名佛学家，为宗喀巴大师在显宗学，尤其在中观论学说方面的主要上师。

仁达哇的父亲扎西坚参是吐蕃大臣噶尔东赞（简称禄东赞）家族的后裔，母亲旺秀吉。仁达哇于藏历第七饶迥之土牛年（1349年）出生在萨迦附近的仁达康索地方，父母给他起乳名叫宗乃。刚会说话走路时，听到"三宝佛"的法音，看见寺庙佛像时就油然生起敬信。宗乃年幼时父母双亡，由姨母扎西本抚养。一次，他对姨母说："将来，我要么从萨迦长官那里取得政权大印，让藏区人民幸福安乐；要么皈依佛门，学习佛法，让佛教兴盛起来。"姨母说："宗乃罗沃且（意为勇敢的宗乃），你能做到吗？"宗乃点点头，表示能做到其中的一件事，所以人们又称他为宗乃罗沃且。年稍长，他开始寻求佛教正法，向圣者却桑贝求闻了"皈依发心""近事戒法""大悲观音法类"等方面的短篇口诵经文。这时他厌烦家庭的世俗杂务，18岁从萨桑班钦出家为僧，受沙弥戒，取法名循努洛哲（意为智童），毅然选择了皈依佛门，弘扬佛法，振兴佛教这一道路。

出家受戒后，他首先拜大学者涅温·贡嘎贝哇和堪钦桑杰贝哇二人为师，学习《因明论释》《因明七论注释》等显宗经典，又阅读了萨迦班智达和沃尧巴·柔白僧格二人著的《格言集》。他撰写了《因明论注释之疏》大、小两种。后他又学习了《现观庄严论注释》，通过反复学习，通达了这两门学科，又从贝丹喇嘛旦巴·索朗坚赞等学习《般若论》，尤其攻读了《大般若二万颂》和《般若八千颂》及其注释部分，并著出了《般若论释》和《七十要义释》两书。他从相曲孜莫译师学习《上下对法》《五部地论》《三律仪》等经论，撰述了《上下对法要义注释》一书。后由堪钦多罗巴·耿噶桑波任亲教师和轨范师，和比丘僧一起给他授了比丘戒。他从师学习了《毗奈耶经》，全部融会贯通，亲教师说："在律经方面你已超过了我，可称得上这方面的权威者。"在此师的劝请下，他为《毗奈耶经》作了注释。后来他拜却吉香森巴为师专门学习研究了《中观理聚六论》《四百论》《入行论》等关于中观理论的经典，并祈祷三宝反复研习，全部理解而达通晓，他对《中观本论慧》《中观

萨迦派

入行论》《四百论》三部经藏作了注释，还将龙树著的《中论》一书也作详注。他在一段时间内悉心钻研和弘扬被藏传佛教各教派所重视的印僧月称所著《入中论》《中论明句论》和龙树著《中论》等著作的中观应成派教理。在以前一个时期，中观教程几乎在西藏失传，由于他和他的高足宗喀巴的努力弘扬，才使这一学说得以传播继承下来。因而他被人们称为"以自慧力观察，通达应成中观见的最细旨趣的人"。

仁达哇集中精力学通以五部大论为主的许多显宗经典后，转入学习密宗经教，从大译师相曲孜莫学习"密集不动灌顶法"后给他取密宗法号弥觉多吉（不动金刚）。他从译师嘉却华桑布学习"密续教授"；从喇嘛丹巴索朗坚赞学习《吉祥密集注·明灯论》《喜金刚秘诀道果》等甚深密法；从萨桑班钦学习"胜乐金刚灌顶"；从译师嘉却巴学习《金刚鬘》《文殊金刚》《世界自在》《萨迦金刚法》《五次第概要》《行续事略》及萨迦师祖、布敦大师等著名学者关于密宗方面的经典，成为精通密法的格西。他著有《本续注释》《密乘生起次第修习法》《自我灌顶胜鬘》《五次第要义》等密宗经典。另外，对一些较难懂的密集经典作了注释。总之，仁达哇广参名师，尤其从萨迦派的十二位大德先后学习研究显密诸论，成为萨迦派修学"三藏四续"、通贯"五部大论"的知名学者。

后来仁达哇准备去前藏时,正好与慕名而来拜访他的宗喀巴相逢,二人见面因缘相投,讲说经论,宗喀巴果见仁达哇谈吐不凡,遂拜仁达哇为师,求学显宗诸论。仁达哇传授显宗时,特意将《中观论》详尽地传授予宗喀巴,使宗喀巴受益匪浅。他师徒二人结伴先后到南木泽当、热振寺、济雪等地一面切磋佛法,一面广转法轮。这期间他二人互为师徒,取长补短,学业飞进,为复兴西藏的佛教而殚精竭虑。

仁达哇生活淡泊,不追求名利,不贪图享受,以比丘僧的戒条严格要求自己。他为了真正掌握大乘之道的精髓,到岗布勒嘎的玉隆多杰圣地,闭关静修密乘道果法5年。经专心苦修证得了共同与不共之两种密法次第,生起了多门禅定,亲见一些本尊神,获得密法道果的成就。为了寻找静地继续修行,他来到藏尼交界的芒域济隆(今吉隆县境)的茂密天然林中,在一处名叫梅朵党金的静修地专心修习时,许多到这里修习的三藏法师向仁达哇求教正法,仁达哇一一满足了他们的要求。如此,前来求学佛法的人越来越多,在梅朵党金山的两面、嘛呢拉卡、扎喀、普波伽、曲当、拉纳普、拉代曲宗、江盘南喀宗、垅则山旦林、贡普新寺等处皆住满了前来修行求法的僧人。这时宗喀巴

萨迦派

大师和噶举派的大成就师唐东杰波也来仁达哇的修行处修习和求学佛法。可见此时仁达哇的声名已如雷贯耳，法螺不吹自鸣了。他的弟子不计其数，著名的有百人，其中宗喀巴师徒三人和唐东杰波堪称代表。

14世纪后半期，萨迦派在显宗方面有两个系统：一个是雅楚·桑杰贝、绒敦·玛威僧格等；另一系统就是仁达哇·循努洛哲，为萨迦派在显宗方面成绩卓著的大师之一。他在中观、因明、般若、律藏、俱舍、密宗、道歌等方面的著作颇多。

仁达哇·循努洛哲于藏历第七饶迥之水龙年（1412年）十二月二十九日在噶丹曲吉颇章圆寂，享年64岁。

雅楚·桑杰白

——萨迦派显宗传承人之一

萨迦派

雅楚·桑杰白，译言"佛祥"，于藏历第六饶迥之金虎年（1350年）出生在萨迦昌。他是泽当钦波相曲仁清的儿子。出生不久，过继给雅玉，成为雅玉的养子。藏语"雅楚"就是雅氏养子之意。年稍长，他就在萨迦、泽当等寺求学藏文及显密经论，这期间出家受戒。他主要师从宗哲白大学者奋志攻读《因明论注释》《现观庄严论》《中观论》《戒律论》《俱舍论》等显宗重要经典，门门皆达到精熟，尤擅长因明学。然后他到卫藏各佛寺中巡回辩经，成为显宗理论的雄辩家。在西藏佛学界将他和绒敦·玛威僧格二人合称"雅绒二师"。之后，他又从官觉益西闻习《密续四部》和萨迦派耳传教法及其他一些密宗经教，并逐一实修后生起了一些乐感证兆。他虽已成名，但他讲辩著的学风始终如一。

雅楚·桑杰白住持萨迦寺，培育后学，造就出能主持萨迦教法的弟子甚多，在众多弟子中最著名的有绒敦·玛威僧格、仁达哇·循努洛哲、森华钦波·宣努杰却等，其中绒敦·玛威僧格和摩诃萨埵为上首弟子。

萨迦派在显宗方面有两个支派：一个就是以雅楚·桑杰白及绒敦·玛威僧格相传的系统，另一个是以仁达哇·循努洛哲为首的系统。

雅楚·桑杰白于藏历第七饶迥之木马年（1414年）圆寂，享年64岁。

嘉色·陀美桑布

——萨迦派因明大师

嘉色·陀美桑布，译言"无著贤"，是萨迦派著名的因明大师，修习有成的佛学家，于藏历第五饶迥之木羊年（1295年）生于后藏萨迦寺南约90公里处的佩雄扎嘉地方。父亲官却贝，母亲本仲。据传，母亲怀孕时，梦见观音菩萨金身融入她的体内，出生时出现了大地震动，生长出此地从未见过的各种鲜花、草木，另有天降花雨等奇异现象。取幼名官却桑布。

官却桑布，童年时就有慈悲之心，见到穷人和受苦难之人，就流下同情之泪，平时玩耍时，不是垒佛塔，就是学诵经，还常常正襟危坐，学习修行，遗憾的是双亲过早去世，从5岁开始就由姥姥抚养。他为姥姥家放牧牛羊，9岁时他逃离放牧地，到姑奶奶的儿子端巴仁钦扎西居住的珊岭寺，从表叔始学藏文，过目不忘，在较短时间内就掌握了藏文的拼读、书写，僧人们在私下议论：这个孩子

萨迦派

非同寻常！土猴年（1308年）六月十八日清晨，他14岁时，由珊岭寺喇嘛华贝哇任亲教师，其弟仁钦贝桑任轨范师，在经堂为他剃度出家，并授予沙弥戒，赐法名桑波贝。自此，他从亲教、轨范上师闻习佛教经典及注释，努力不懈。他从没想过享受自家较丰厚的财物，将田园和家产毫不保留地交给表叔仁钦扎西用于善事，并说："世俗之事对我来说毫无意义，抓紧学习佛教的讲修才是我的最大愿望。"

他15岁进入后藏珀东埃寺的分院，从上师贡嘉巴学习《大乘阿毗达摩杂集论》，学经时不与同僧攀比高低，不忌妒他人，始终一步一个脚印地扎实学习，显示出和善、恬静、慈祥的品质，一举成为该寺知名学者。在一次滚芒加（意为煮斋僧茶饭）的法会上，加央隆沃尼玛坚赞上师对学僧口试其智慧和学法情况，以"对法藏论"为口试题，桑布对答如流，词义简练而深刻，在场学者无不叹服。喇嘛南扎哇说："印度名僧无著再世，称得上第二无著。"由此"无著"之称号广为流传。"无著"藏语为"陀美"，加于桑布之前，他的法号全称就成了"陀美桑布"。接着他继续学习《慈氏五论》《五部地论》《二摄颂》《八品论》《入菩萨行论》《集学论》《戒律论》《中观六论》等经典。之后他到萨迦寺，从该寺大学者喇嘛圆嘉巴闻习《因明七论》，深入钻研各种《因明论释》，成为精通因明学的专家。在这里他还学习研究了印度"二胜""六庄严"的各种论著。

他23岁时走出萨迦寺,到后藏各寺巡回辩经,这期间凡持邪见的对手一个个败在他的手下,凡持正见的对手都成为他学法的诤友。经过一段时间的辩经,都公认他是珀东埃寺的大学者、辩经高手。

木鼠年(1324年)十月初六早晨,他30岁时,由绛森仁贡任亲教师,南喀桑杰任轨范师,贡嘎坚赞任密教师,在众比丘僧中为他授了具足大戒,成为严持戒律的比丘僧。32岁时,由绛央端月坚赞昆季、贡嘎坚赞、贡邦南喀扎巴等上师邀请他担任珀东埃达热寺住持,他未应允。后又有曲帕坚赞、仁清喜饶本等师坚请他出任该寺法台,他为了不违背上师们的意愿,方答应任达热寺住持。任职期间,除了管理寺院行政事务之外,主要从事为僧众传授经法。先后在法会上讲授了《阿毗达摩杂集论》《经庄严论》《宝性论》《入行论》《般若经》《因明论》六部经论,附带传授了一些显密经论的注释专著,使众僧受益匪浅。其弟子中出了10名通晓五部经典的"噶钦"格西,他的声誉也越来越高。他任达热寺住持长达7年,38岁时,他著了《经庄严论注释》一书,之后又为《宝性论》和《入行论》二书作了详注,在总结学习经论的基础上撰写了《嘉色实践论》一书,比较详细地阐述了自己的佛学思想和观点,这

萨迦派

部著作在萨迦派的学者和僧众中产生了广泛而深刻的影响,他们细读后双手合十称善。

陀美桑布广参各教派名师,一生从绛央昆敦、喇嘛贡嘎巴、加央尼玛坚赞、圆嘉巴、释迦绛曲、索南贡、加帕坚赞、热萨巴·仁钦林巴等40余位上师,仅学密宗经论而依止的上师就有10多位。他从众上师虚心、刻苦学习,博通了显密经论,并撰述了自己的佛学专著。其中《修心七事教导》《嘉色实践论》《入行论发心》《入行论注释》《宝性论注释》《经庄严论注释》《禁食斋仪轨》《缘起教导》《修心上师瑜伽身圆满》等比较有名。

陀美桑布在显密经论的修学方面取得成就后,就将珀东埃达热寺交给自己的大弟子轨范师坚赞僧格,想到一幽静寺院或修行地进行修持,但又有绛央端月坚赞等上师要他担任达热寺的讲经师,他为了实现自己修持的心愿,从萨迦寺聘请了邦译师·洛哲丹巴来担任讲经师,自己赴风景优美而宁静的欧曲却宗寺闭关静修。临行前他对上师和弟子们说:"人的生命犹如高山流水,一刻不停地奔向死亡之线,青春年华好似项饰花环,顷刻间就会凋谢枯萎……"他用许多佛教哲理告诫大家在短暂的人生中,珍惜生命,珍惜时间,发奋学习,努力修炼,多做有益于众生和社会的善事。闭关修炼时他吩咐近侍僧谢绝接见任何人,并写了一张谢绝会见客人的纸条贴在修炼室门上。达热寺格西两次来请他回寺讲经，他传话给近侍僧皆婉言回绝，连自己的两位经师都未会面。他从43岁开始专心致志地修习，在修持空性证见和大悲定相结合的禅定中度过了20年。他在修持中逐渐出现了不同证悟，最后证得了光明法身。63岁时，他结束了闭关修炼的生活，开始为本寺僧人讲经说法。之后到夏鲁寺拜访布敦·仁钦珠大师，大师很高兴地接见了他，并向寺僧介绍道："当今在雪域精通佛法并付诸实践的只有陀美桑布一人。我也通晓许多经论，亦著述论说，然而没有像他一样的修炼功法。"离别布敦大师后向前藏地方走去，边走边向寺僧讲经说法，向老百姓讲说人生真谛。当走到贡唐与拉萨之间时，看见七八个人骑着马过河被急流吞没的情景时，双手合十，泪水滚滚而下，口中连连呼叫救度佛母。这时一身穿白衣、腰系白旧带的人说："我去救他们。"刹那间，那七八个人和马匹被救上河岸，而穿白衣的人却无影无踪。陀美桑布知道这位白衣士就是救度佛母的化身，他口中暗暗祈祷。一路上他为许多乞丐舍施布施，为病患者治病，受到贫僧和穷苦人的尊敬和爱戴，从贡唐返回后藏珀东埃达热寺。

67岁时，西藏帕竹政权的创建者司徒·绛曲坚赞（1302~1364年）慕其名而邀请他去前藏讲经，于当年一

萨迦派

月十六日从达热寺出发，经后藏到达拉萨，五月在大昭寺为释迦牟尼佛像顶礼作供养，在这里为广大僧众和信民讲授发《菩提心经》。之后他过雅鲁藏布江到达桑耶寺朝礼、讲经，又从桑耶寺到乃东、昌珠、泽当等地为僧众广转法轮。当司徒·绛曲坚赞为他敬献布施时，他说："我不需要任何财物布施，只请求你免去百姓的赋税和军差，减轻民众的负担，因为这些皆不利于佛教事业。"司徒当时答应了他的这一要求，暂停了对萨迦地方政权的进攻。从泽当复又去丹萨替寺和桑耶寺广转法轮，得到了信徒、信民的许多财物，他将这些布施用于救济贫民，治疗地方传染病，为僧众滚芒加（斋僧茶）等等方面。司徒·绛曲坚赞等人请求他长驻前藏讲经说法，他未答应，起身返回后藏，途经达仓寺，应邀为僧众和学者讲经。一路上凡遇到修行地、讲经院，他不辞辛苦普施法雨。十月初一，他返回欧曲却宗寺。

晚年，陀美桑布仍讲经不止，修持不断，每年九月闭关静修至第二年三月结束，为格西、僧众、求法者和达官贵人等传经说法。他的高足弟子众多，有来自内地、印度、尼泊尔、蒙古等地的僧人，也有卫藏、央泽、阿里、安多、康区等地的求学者。其中亦有汉族、裕固族、蒙古族、纳西族等民族的僧人。在众多弟子中广弘大乘修心，继承佛教事业的有仁达哇·循努洛哲等人。

藏历第六饶迥之土鸡年（1369年）十月十九日晚，陀美桑布停止讲经，全身发出香味和光亮，眼睛依然炯炯有神，正襟危坐，直到二十日黄昏方才示寂，享年75岁。

喇嘛丹巴·索南坚赞
——萨迦寺第十三任赤钦（法台）

喇嘛丹巴·索南坚赞，于藏历第五饶迥之水鼠年（1312年）出生于后藏夏鲁康赛中。父亲达钦桑波贝巴，母亲玛吉元努本，他是帝师八思巴大师的侄孙。他8岁时从父亲学习文字拼读和祖父的经典而通达；11岁依喇钦·贡嘎洛哲受近事戒，并从该师聆听《大乘发心论》。他17岁从堪布索南扎巴等师出家为僧，赐法名索南坚赞，之后从喇嘛巴丹僧格、堪钦索南桑波、邦洛·罗哲丹巴、纳萨扎普巴、索南贝哇、巴·曲焕桑布、周喀巴·扎巴森格等师潜心修学显密诸论和共同文化学科而融会贯通。20岁时，在后藏珀东夏果雄寺（由芒倪·鲁智嘉措建）中，由堪钦索南扎巴、智者巴丹僧格、喇嘛桑布三位上师为他授予具圆大戒，并聆听了无量教言秘诀。25岁他从布敦·仁钦珠大师聆听"四座法""金刚界"等灌顶法、教法、秘诀诸法，并成为布敦大师撰述28部名著的鼓励者和支持者。这时元顺帝妥欢

萨迦派

帖睦尔几次遣使迎请喇嘛丹巴赴京，而他却设法婉言谢绝。32岁时他被萨迦寺推上了第十三任赤钦的法座上，同时他又是萨迦四大喇章之一的仁钦岗喇章的座主。他精心治理寺院政教事务多年，功德显著。萨迦派的教法大都由他传持下来。这期间他还曾任过帕竹政权大司徒绛曲坚赞的师尊。格鲁派创始人宗喀巴大师也曾向喇嘛丹巴聆习过萨迦派特法"十三金法"等教法。喇嘛丹巴卸任赤钦后，于61岁时到珀东埃寺大转法轮，于次年又前往山南桑耶寺广转法轮。据载萨迦派三小密宗支派中的察尔支派和贡嘎支派的师徒传承可以追溯到喇嘛丹巴·索南坚赞，因此很多格西共同认为察尔支派和贡嘎支派也是由喇嘛丹巴·索南坚赞所传密法（主要指道果密法）的基础上产生的。这两个支派不仅在萨迦派中广泛流行，而且该派不共密法修行及其仪轨在格鲁派中也比较流行。

在桑耶寺广转法轮时，他于藏历木兔年（1375年）六月二十五日在桑耶寺扎西岗示现圆寂，享年虚64岁。

其主要弟子有至尊宗喀巴、大译师绛曲孜摩、噶玛·贤曲绛曲坚赞、喇嘛巴丹慈诚、亚隆巴·僧格坚赞（是萨迦道果耳传桑登林派第二代）等。所以其所传弟子皆称呼他为"喇嘛丹巴"，译成汉文为师尊之意。

据载他一生著有79种著作，其中有《因明论注释之注释》广、中、略三种,《现观庄严论注疏》广、中两种,《入行论注释》《宝性论注释》《声明论·嘎拉巴之注释》《时轮广疏注释》,以及《细研磨论之注释》《四时空入预算》《六支加行讲义》《道果法教授》《吐蕃王朝世系明鉴》等。

绒敦·释迦坚赞
——萨迦派著名雄辩家

绒敦·释迦坚赞，全名为绒敦·喜夏更若释迦坚赞，意为"绒敦·智者普明释迦幢"，简称绒敦·释迦坚赞。因他是一位博学多才、能言善辩的萨迦派高僧，人们送给他一个别号"玛威僧格"，意为"善言狮子"。他于藏历第六饶迥之火羊年（1367年），出生在四川康区嘉茂绒（今四川省阿坝藏族羌族自治州）地方的一个信奉苯教的家庭中。出生地是吐蕃时密宗翻译大师白若杂那流放而修行过的圣地。他的父亲格果嘉布，系噶氏后裔，精通苯教，母亲嘉格曼，生有3人，喜夏更若为次子。该师从小聪明伶俐，父亲教他习字读书，过目不忘。后送他出家为僧，起名喜饶沃赛，学习了一些寺院中的规则礼仪，开始接触到一些五明学科的经典，就这样度过了童年的学习和生活，开始向往到西藏拉萨圣地求学佛法。

18岁时他前往西藏，最初进入桑普奈托寺，这是一座

萨迦派

阿底峡的弟子俄·勒贝喜绕于1073年兴建的噶当派寺院。他从朗多巴·仁钦南加、贡敦·洛哲旺秀二师学习俄洛丹传出的《般若》《因明》《集摄论》《中观论》等经论，之后又闻习了《现观庄严论注释》和《量抉择论》等，并由仁钦南加给其授菩萨大戒。他在这里求学深造4年，从加央喀且学习了《诗镜》、词藻、声律学等，从噶玛·官却循努学习显密经典。这时他已小有名气，22岁时著成《量抉择论释》，并以此立宗辩经，辩才无碍，以雄辩家而著称，始有"玛威僧格"这个雅号。从此开始讲经传法，当时人们就称他为轨范师绒敦。

他一路学经、讲经来到彭域门通寺，拜克尊·贡噶嘉波为堪布、玛敦为亲教师、都增沃桑巴为密教师，凑足其他10位虔诚的比丘僧，给他授了比丘戒，取法号释迦坚赞。这时他甚感自己所学浅见寡闻，曾三次到后藏从师学法。27岁时，他第一次作为桑普寺大堪布的侍从入藏，从堪钦·雅楚·桑杰贝（1350~1414年）为师，学习萨迦派关于显宗经论的讲授法，又从萨迦法王贡噶扎西学习密宗深广教法，形成了萨迦法王和俄·洛丹喜饶之讲学之风。第二次是他的上师谢世后，约50岁时，他到后藏定日和梅康色地方，主要从事《戒律》《般若》《对法藏》《中观论》《因明》的学习研究。第三次主要是去讲授显密经论，招收门徒。在三次去后藏返回前藏的期间，他常住桑普奈托这座他初学经的母寺，另外也去东面的帕摩竹巴和枳贡替寺，西面的拉堆顶日朗科和昂仁寺，南面的雅隆亚桑和雅卓纳噶孜，北面的热振寺和南木孜顶等许多寺院讲经传法。他一面从各教派善知识学习佛法，一面又讲经、辩经、著述，到40岁左右时已成蜚声藏康、独具自己讲传之风的名僧。

藏历第七饶迥之火龙年（1436年），已年届七旬高龄的绒敦·释迦坚赞集资在西藏拉萨北面的彭域地方建成了一座萨迦派寺院——吉祥那烂扎寺。寺院建成后，即有1500多名僧人入寺学经求法。他讲经传法之规章、制约和其他设施，皆符合萨迦和俄译师的制度。寺内设5个康村、2个扎仓。他在那烂札寺讲经传法14年之久，在寺内建立以十大经论立宗辩论，讲说46部经论的讲传学风，对40部显密经论进行注疏释难。他在卫藏学经弘法建寺的声名传到明王朝英宗皇帝耳中后，考虑到他在卫藏的影响较大，即派遣胡太监等官员入藏，给他赏赐约一肘高的药师佛金像一尊、《文殊名称经》一部、尊胜佛塔一座、约二尺长的白檀香木一块等礼物，敕封他为"弘法大师"。

绒敦·释迦坚赞平生治学严谨，他学经修法时，认真理解原文词义和内容，绝不囫囵吞枣，也不人云亦云。不论著者是印度、尼泊尔人，还是西藏人，只要发现其著作

萨迦派

中的词义、句法及某种提法不妥,甚至错误之处,他就提出自己的观点加以反驳,如曾对月称论师的《入中论》中的某些词义和轨范师森格桑布对《般若》的一些注释皆提出过反驳意见。桑普寺的著名学者恰巴·却吉僧格和他一样,对西藏一些藏族学者在学习印度经典时,不分析鉴别,而是囫囵吞咽、不求甚解的弊病提出过许多意见。绒敦大师在布达拉宫曾拜谒至尊宗喀巴大师时,辩论《般若》,受到宗喀巴大师的赞扬,赠给他深绿色绸缎一匹。他还曾与珀东班钦大学者辩论律经,最后两人不分高低,对律经要义达成共识。当时西藏佛学界将绒敦·释迦坚赞和雅楚·桑杰贝二人称为"雅绒二师",他俩皆是萨迦派中新涌现出的显教大师。

　　他有支撑佛教的四柱弟子、雪域顶饰的八大弟子和两殊胜弟子,还有后传的20余名弟子。其中四柱弟子是:森华宣努嘉却、森华钦波·白玛桑布、赛巴·洛哲嘉措、金俄·次成达玛。八顶饰弟子:麻康巴·扎巴桑布、格瓦坚赞、贡日坚赞桑布、绒琼·喜饶贝、却隆噶居巴、尕敦巴·却加贝桑、热达那室巴扎、纳塘巴·喜饶森格。两殊胜弟子:前藏的玛东嘉措仁钦、后藏的森贝钦波贡却坚赞。还有萨迦的宣努森格等3人、多康的华旦陀色、果木德查什、班钦释迦却丹、康区土司弟子等各地各教派的弟子。另有一些高官显贵和大学者也出于其门下。

其著作,据其弟子所著《绒敦大师传》记载:自23岁至70岁之间,著有《八千颂广、略注释》《佛说稻秆经释》《密集释》《因明注释》等经典注疏41部。70岁至83岁,主要从事讲经传法和闭关修行。另外有一些赞颂、口诀等散篇著述。

绒敦·释迦坚赞大师于藏历第八饶迥之土蛇年(1449年)圆寂,谢世后吉祥那烂扎寺由达布·扎西朗杰继任住持。

至今寺内绒敦巴大师和扎西南杰二师的足印石保存完好。

俄尔钦·贡嘎桑波

——萨迦派密宗俄尔支派创立者

俄尔钦·贡嘎桑波，出身于章参之觉惹家族，其先祖以前从章参地方迁徙到萨迦从事牧业。后为萨迦大长玉陀巴之司茶师，之后以萨迦近侍管家而闻名。父亲本仓·珠巴云丹，其母为喇章仁钦岗白宏桑之女索南华丹。贡嘎桑波于藏历第六饶迥之水狗年（1382年）出生在萨迦地方。

5岁时，因他父亲珠巴云丹以茶司为业，曾让他拿着一块与银茶壶相当重量的石头来回行走，以试孩子的耐力，准备培养成与自己一样的司茶师。但贡嘎桑波幼小的心灵中厌恶世俗之事，更瞧不起低人一等的司茶服侍工作，他不高兴地将石块扔到地上。6岁时，他在萨迦达钦·贡噶仁钦的关怀下，拜法王益西坚赞为师，开始学习藏文字母拼读及简单的语法。9岁他从益西坚赞受居士戒及沙弥戒，从此过午不食，终日发奋苦读，后来在法王益西坚赞尊前先后受比丘戒、菩萨戒和密乘戒。他谙熟一切显密教法，

萨迦派

尤善于领略萨迦派之"曼荼罗仪轨①成就法",成为法王益西坚赞之得意弟子。25岁时,上师益西坚赞逝世,贡嘎桑波料理完师尊的丧事后赴香曲科岗寺,在译师喜却前学习佛法,又到协贡寺,从布陀室利大师学法,后从协贡寺又到萨桑寺,拜萨桑喇嘛宣努洛哲为师,长期学习显密经论。他尤注重于密宗法的研习,成为密宗法的具缘法师。

金虎年(1410年),他29岁时,萨桑上师将他叫到寝室内说道:"我已年迈,不知还能活多久,现在以你的佛教学识及管理才能,完全可以担任萨桑寺寺主之职,不要推托,要一心一意地管理好寺院!"说罢,将密续事部经籍和铃杵、法螺等交给他,授予法王继承人之位。贡嘎桑波自29岁至49岁的20年间住持护理萨桑寺,夏冬两季讲经传法,春秋两季传授灌顶及经教戒律等。卫、藏、康区前来求授沙弥戒和比丘戒者多达万余人,求授灌顶、经教者更多。

49岁时,因萨桑寺僧人较多,世俗事务干扰过甚,他便考虑到僻静修行处一面讲经传法,一面修持密法。原打算去纳萨普日绰(即纳萨山崖寺)和桑木林日绰(山间小寺),但问卜后未能如愿,遂改为去埃旺日绰。这里早在1359年雅德班钦就带领弟子兴建了规模很小的日绰山寺,并在这里传授佛法,带出一批弟子,已是小有名气。贡嘎桑波到这里讲经说法，诸事业极其昌盛，供养殷重，欲想扩建埃旺寺。土鸡年（1429年），他利用供养资财，兴建俄尔埃旺曲丹寺，首先新建经堂，内供尼泊尔匠人阿克惹纳等建造的释迦牟尼铜制镏金大佛像，纯金汁书写的《甘珠尔》大藏经，以及其他佛神像、供器、圣物、经塔甚多，后又建讲经院及禅室、僧舍，使寺院为之一新，初具规模。埃旺曲丹寺因建在俄尔地方，全称俄尔埃旺曲丹寺，简称俄尔寺。因贡嘎桑波主持兴建，所以人们称他为俄尔钦。俄尔钦·贡嘎桑波在这座寺院中讲授密宗法，弘扬密宗教义，故俄尔寺是萨迦派晚期在后藏传播密宗的重要道场之一。后来他又赴阿里、雅浪等地广行法施，在传授灌顶时不收供养，悉施法雨，所以求法者众多。

75岁时，即藏历第八饶迥之火鼠年（1456年）四月二十三日，他将萨班之卷轴画像、内地铃杵及七衣传授给弟子梅钦·官却坚赞，并叮咛再三。二十五日上午，摄色身入法界。

俄尔钦·贡嘎桑波的弟子众多，据说从他受戒的就有12000多人，知名的有萨迦世系的玉妥巴·贡噶旺秀、达钦·曲弥巴·洛哲旺秀、俄堪布·官却坚赞、旋努坚赞、旺秀扎桑等大善知识。

其著作包括修法类、闻法录、仪轨、书函等，连同各

萨迦派

函目录共 21 种,德格版集为 4 函,名《埃旺全集》。

注:

①曼荼罗仪轨:印度密教修密法时,为防止"魔众"侵入,在修法处划一圆圈或建造土坛及铜制坛城,有时还在上面绘上佛像、菩萨像,事毕废像。一般把划为圆形或方形的修法地方或坛场称为"曼荼罗"。

贡嘎南杰
——萨迦派贡嘎支派的创立者

萨迦派

贡嘎南杰,亦称图敦·贡嘎南杰,因其祖先是藏文的创制者图弥桑布扎,故称其图敦,"图"是氏族之姓,"敦"是"敦巴"之简略,指精通显密教法之人。

贡嘎南杰于藏历第七饶迥之水鼠年(1432年)出生于西藏山南贡嘎地区乃东王族家中,为乃东王的爱子。他出生后常住于贡嘎宗的宫殿中,自幼开始学习藏文基础知识,同时读诵萨迦派密法。他依绛巴林巴受比丘戒,并修学佛法。在萨迦寺学密法时,索南桑波成为他的根本上师,他主要学习萨迦派子孙院的密法。贡嘎南杰是喇嘛丹巴·索南坚赞的三传弟子,贡嘎支派的道果传授也是由喇嘛丹巴·索南坚赞传下来的。具体的传承是:喇嘛丹巴·索南坚赞传给大乘法王贡嘎扎西,贡嘎扎西传给索南桑波,索南桑波传给贡嘎南杰。贡嘎南杰又培养了甲敦·强曲旺嘉等许多传承弟子。他的弟子们继承上师之志,不断发展和丰富本宗派不共密法，至今传承尚在延续。贡嘎支派的主要弘法道场是山南的贡嘎多杰寺。当时33岁的贡嘎南杰想到他的支派是萨迦世系之外的宗派，欲发展本宗派，培养宗派传承人，没有道场是不行的，所以他想建一座自己的弘法道场，究竟建在哪儿为好呢？当他在选择建寺基地的时候，一天，他看见屋顶上金刚界佛（瑜伽续中一本尊神名）手中的一部经卷突然掉落到地上，清风又将落到地上的部分经卷吹落到现在寺院的地方，被一只乌鸦隐藏起来，贡嘎南杰马上觉得缘起甚善，就在这儿建寺。动员土木工匠开始奠基建寺，寺院建成后，以地名"贡嘎"和"金刚界佛"的佛号取寺院名为"贡嘎多杰寺"，简称"贡嘎寺"。因经卷被乌鸦隐藏，遂将它尊为寺院的护法神，塑造了护法神像。不久，前来要求入寺的僧人达到258人。贡嘎南杰成了这座寺院的寺主，精心培育萨迦不共密法的僧才。这座寺院因是贡嘎宗的公共寺院，每年在拉萨举行法会时，由160多名僧人组成的僧团到拉萨去举办法会，法会上还由贡嘎寺的乐队和舞队表演神鼓舞。据说贡嘎寺的修建时间，是同日喀则的札什伦布寺同时建成的。该寺后来建立了贡桑泽、仁钦冈、格古冈、贡囊、哲蚌五个康村，修学密法的风气甚浓。

据说，萨迦宗派分前宗和后宗，贡嘎支派是"萨迦后

萨迦派

宗"。宗巴贡嘎坚赞的弟子辈中有另一位著名高僧叫木色巴·多杰坚赞,他和他的弟子传承被后人称为"萨迦前宗"。此支派也是从喇嘛丹巴·索南坚赞传衍而来。据史料记载,喇嘛丹巴·索南坚赞有一位非常有名的弟子叫宗琼也松吉贝,据说他有名高足为坚赞贡却,但事实上坚赞贡却的弟子乃是木色巴·多杰坚赞。所以前宗支派也叫"木色派"。其实贡嘎支派中也分前、后宗派。贡嘎南杰在创派建寺、闻思修、讲辩著中成绩卓著,成为该派的一代大德。

他于第八饶迥之火龙年(1496年)在贡嘎多杰寺圆寂,享年虚65岁。

察钦·罗赛嘉措
——萨迦派察尔支派的创立者

萨迦派

察尔支派是萨迦密宗三小支派之一,为察钦·罗赛嘉措所创立,故名察尔支派。下面主要记述察尔支派的形成及其该支派的寺院和密乘教法。

察钦·罗赛嘉措,出生于第八饶迥之火龙年(1496年),又有木虎年(1494年)生之说,在《藏族历史年鉴》中亦有水狗年(1502年)出生的记载。他是芒喀木如地方人,最初在后藏札什伦布寺出家为僧,信奉格鲁派,后改信萨迦派。他曾师多仁贡邦·贡桑曲吉尼玛等师,系统修习并继承俄尔支派和贡嘎宗支派的所有密法,尤其为了修持萨迦家族内部耳传不共密法,坚持依止萨迦派后裔达钦·罗哲坚赞为根本上师,正规完整地修学萨迦昆氏家族的不共密法,证得极高果位。据史料记载,他一生事师六十三位高僧大德,全面系统地修习萨迦派道果经为主的佛法,许多佛法密宗秘诀在他一人身上可以得到,成为当时藏传佛教界颇有声名的高僧。

察钦·罗赛嘉措常驻于萨迦以西、拉孜以南的芒喀图丹根培寺，收徒传法，注重正规修习并系统地修行萨迦派不共密法，并创立了察尔支派。这一支派的师徒传承，也可以追溯到八思巴的侄孙喇嘛丹巴·索南坚赞。因此，很多格西一致认为察尔支派也是由喇嘛丹巴·索南坚赞所传密法的结果。当时，这一支派不仅在萨迦派广泛流行，而且该派不共密法修行仪轨在格鲁派中也比较流行。三世达赖喇嘛索南嘉措曾从察钦·罗赛嘉措接受萨迦派的帐面明王和四面明主护法等教授。五世达赖喇嘛阿旺罗桑嘉措也依从察钦·罗赛嘉措的后辈成就者索南却丹修习"察派道果法"、十三金法及大小怙主诸法。萨迦派的独特道果法，最初由卓弥译师从印度比瓦巴大师处学到后，到西藏就传给了萨迦派上层喇嘛，如此辗转相传，不仅在本派内广泛传颂比如"黄金十三密法"[①]等，还在其他教派中也流行研习。这不仅说明了该派在萨迦派中的重要性，也能说明该派在西藏佛教中的地位。

察尔支派的道果法具体传承是：俄钦·贡嘎桑布传给本钦大菩萨，本钦大菩萨又传给达钦·罗哲坚赞，罗哲坚赞为察钦·罗赛嘉措又传授，至此，才形成了萨迦家族世系外的察尔支派。

萨迦派

察钦·罗赛嘉措有许多著名弟子，即嘉央钦泽、芒倪鲁智嘉措、宣努罗哲、端智坚赞等；以及密法传承者，即堪钦·拉松坚赞、旺秀拉丹、索南曲培、甘珠哇钦布、索南却丹、仁钦索南却智、阿旺伦珠、贡嘎伦珠、贡嘎罗哲等名僧承前继后，使该派密法得以延续下来。察尔支派在卫藏的主要弘法道场是那烂扎寺，此寺是萨迦派高僧绒敦·释迦坚赞于第七饶迥之火龙年（1436年），他高寿70岁时，在拉萨北面彭域地方创建的。寺院建成后，即有1500名僧人入寺学经求法。他住持那烂扎寺14年之久，在寺院建立以10大经论立宗辩论，讲说46部经论的讲传学风，后成为察尔支派的寺院，至今还在延续着萨迦察尔支派的不共密法传承。察钦·罗赛嘉措于火虎年（1566年）在达章茂切地方圆寂，享年虚73岁，从卒年看，他生于木虎年（1494年）的记载是正确的。

注：

①黄金十三密法：察巴萨迦支派不许传出寺院墙外的十三种密法，有三空行、三大红、三小红、长寿金刚母、红财神、狮面母和黑文殊，总为十三。

梅钦·衮却坚赞
——梅雅玛贡寺的创建者

萨迦派

梅钦·衮却坚赞,译言"梅师·宝幢"。于藏历第七饶迥之土龙年(1388年),出生于叶如藏布以北的梅多达茂朗加(今之日喀则谢通门县境内),父亲官却桑波,母亲南喀郡。他年幼时就懂得轮回众生在无边苦海中受煎熬,9岁在贾色陀美的弟子巴沃桑布尊前受沙弥戒,取法名衮却巴桑,并从戒师聆听《喜金刚秘诀灌顶法》《大乘修心笔记》等经论。他15岁从堪布耿孟和绛曲森格二师学习《般若论》和《入行论》两部显宗经典;18岁开始,一面继续从师学经,一面广转法轮;20岁时,从南喀那觉师学习息结派的"断行教诫";21岁时到后藏昂仁从洛哲坚赞和桑洛巴二师学习《般若经论》,在这里修学3年,一面修学《因明论》等显宗经论,一面与其他僧人辩经,提高了辩经能力。之后他又从喇嘛南曲桑布修学"时轮金刚法"和"大威德金刚灌顶法"。24岁时,他请求雅楚·桑杰贝哇给他讲解般若方面的疑难,解决了一些学经中的疑点和难点。25岁他到协嘎尔地方,在南面的那达库隆寺、昂仁寺和察纳寺先后各住修2个月,集中精力主要学习和解决《般若论》和《释量论》中的疑难问题。他28岁到木吉隆寺从森华元努杰却专门研习《因明论》,32岁拜绒敦·玛威僧格(1367~1449年)为师悉心修学般若和因明学中的疑难,解难排惑。他广参名师学习研究《般若论》和《因明论》,以求精通这两种经论,学以致用,因为要学通三藏经论中显宗方面的常用经典,才能逐步涉入其他经论和密宗的学习和研究。34岁时,他又从班觉喜饶学习仁达哇著的《中观论注释》。35岁时,他到拉萨一带寺院中巡回辩论《般若经论》,其辩才受到人们的称誉,是年在返回后藏的途中从曲岗巴·更嘎白等师受比丘大戒,正式赐法名梅钦·衮却坚赞。38岁时,他回到萨迦地方,从俄尔支派的创立者俄尔钦·贡噶桑波(1382~1456年)学习《胜乐论》《喜金刚甚深道》《喜金刚第二品续》《六支瑜伽行》等密法。土鸡年(1429年),上师俄尔钦动工修建俄尔埃旺曲丹寺时,42岁的梅钦·衮却坚赞担任土石木工工程的工头。寺院建成后,在他49岁那年,经举荐出任了俄尔寺的住持。他又在寺内建立显宗道场,讲授显宗经论,尤注重密宗法的教授,他自己以讲授《喜金刚第二品》而闻名全寺。从1436年至1437年的一年间他在拉贡寺讲授《喜金刚第

萨迦派

二品》就达1万余次。59岁,当俄尔钦上师来到努曲隆寺时,他求学萨迦的"道果法",独得"道果教授"的秘传,成为显密法主。俄尔钦临终时,将萨班之卷轴画像、汉地铃杵及七衣传授给衮却坚赞,并让他再次登上俄尔寺的法座,治理寺院。三年后他退任,将法位让给喜饶嘉措,自己到梅丹增修行岩洞中虔心修持,出现了神识和殊胜证悟。梅钦培育了许多有名弟子,其中有贡汝·喜饶桑波、仁蚌诺尔桑、绛巴及俄尔寺、萨迦寺的传承者等。上至阿里,下至麦多康三区,中到卫藏都有他的得意门生。对这些弟子他精心传授显密经论、闻思修、讲辩著、贤正善良等诸方面的知识,为培育佛学界僧才做出了很大贡献。72岁时,由他出资建成了梅雅玛贡寺,聚集僧团讲经传法,主讲《喜金刚第二品》《胜乐论》等密法,弘传俄尔钦所有的教授,这期间给董司都南杰扎巴父子授予胜乐和喜金刚灌顶。他74岁还在昂仁寺的法会上给僧众讲授修心和密法言教,77岁高龄时复往梅丹增修行岩洞中修习甘露丸法,在一团亮光中亲见瑜伽自在师的圣容。

  梅钦·衮却坚赞于藏历第八饶迥之土牛年(1469年)九月八日在梅丹增修行岩洞中示现圆寂,享年82岁。

却吉桑波

——阿坝却吉寺的创建者

萨迦派

却吉桑波,阿坝地区藏语中称"求吉让波",又写作却扎桑波,意为"法称善",是原嘉绒地区著名萨迦派高僧,若尔盖县境却吉寺的创建者。约15世纪人,是四川康区倭切人。

相传,13世纪八思巴曾在康区预言说:"……下传三代后,将诞生一位观音菩萨化身,在其法号中带有'桑波'二字的人,其弘法之地当在多麦(安多下部地区),在一个山陡如啄鬃,沟窄似犬喉,天地呈吉祥八宝,晰然法螺自鸣的地方,建一寺庙,对弘扬佛法,利乐有情,必有无量功德。"并将白法螺、银印及诏书赐给受其预言的多吉俄热,后由多吉俄热下传到三代却吉桑波。

却吉桑波在少年时去西藏彭波纳扎寺削发为僧,受戒皈依佛门,始学藏文拼读、语法及短篇经文,然后学《般若》《中观》《释量》《戒律》《俱舍》等十八部大论,又深入学习显密二宗教法及藏族的大小五明，成为知识渊博的大学者。之后他返回甘孜，遵循法王八思巴教谕，携法螺、银印，带家眷亲友离别故乡，踏上云游建寺之途。自朱倭出发后，经炉霍、道孚等"霍尔柯"地区，进入今黑水一带，受到措加土司的热情接待，土司见他年少而称"法王"，感到惊异，便脱口叫道"竟有如此少年法王"，"阿鲁却吉"之名由此传开，"却吉"即法王之意。

却吉桑波一行来到松潘"冲吉"地方，被当地土司迎到热瓦寺（即今之上泥巴寺），并将此寺献给他。他在该寺中住修数年，之后经漳腊、塔藏沿白河而下，在今九寨沟县境内倡建瓦勒、角地二寺。此时，却吉桑波的母亲去世，他于是逆黑河而上，经玉瓦至八屯，建八屯唐卡寺，又经大录、香扎、芝麻翻拉马岭至苟哇。当时这里是一片天然森林，传说却吉桑波带的一条黑狗常不愿在家吃食而跑到对面山坡的森林里，一次，却吉桑波跟踪黑狗，发现茂林深处有一眼清泉涓涓流淌，站在此处观天视地，只见天为八辐法轮，山似八瓣莲花，天地相合，正呈吉祥八宝。他把当年八思巴所赐白法螺放入泉水中，法螺发出自鸣声，应验了八思巴的预言。于是却吉桑波选择了这块地方作寺址，进行加持后，集资建寺。先后建有经堂五座、佛神殿七座、印经院一所。寺内置有法器、法物1000余件，佛

萨迦派

典1560余部。却吉寺有"却吉"和"德普却吉"之称谓，"却吉"是藏语，意为法主或法王，是以创建者却吉桑波的法号而取寺名，后由寺名成为地名。"德普却吉"中的"德"字是梵文的音译字（显现在文殊菩萨胸口的福符）。此字显现在今却吉寺山谷末端一石上，"普"为藏语，意指涧谷顶部，译成汉语，就是"德字沟上法王寺"。寺名藏文全称"巴丹协智俄吾却培林"，意为"吉祥讲修之宝弘法寺"，简称却吉寺。寺院建成后举行了盛大的开光典礼，前来祝贺的寺院和僧俗很多。其中大坝地方的一位苯教寺院的寺主前去庆祝，给却吉桑波献了一条制作精致的地毯坐垫表示祝贺，却吉桑波回赠一双蒙古式五彩靴，这位苯教寺主立刻悟出这是不祥之兆，赠靴给他，意味着要他离开这个地方。不久，他便将苯教寺院搬到松潘地方，另建一座名叫佐藏寺的苯教寺庙。后来却吉桑波将这里的7座小寺合并于却吉寺。他为了弘扬佛法，发展寺院，争取信教群众，以嘎尔哇为却吉寺的施主，派他的亲属一方面在农区建立施供关系，使寺院有所依托，另一方面先后在阿西草原、霍哇、打更沟、班佑、却吉南哇等地兴办牧场供养寺院，使却吉寺稳固发展，成为包座七房、若尔盖十二部落最有威望的寺院。后来他又建成显宗学院和密宗学院，聘请后藏萨迦寺的三位学者来寺传授萨迦教法，提高了僧人的佛学水平。

却吉寺历来有"建寺在却吉，立戒于香谦"之说。却吉桑波年迈后，主动将法位让给他的弟子香谦。香谦制定寺规，组织寺院僧团，任命僧官，严格要求活佛、僧人一律遵循寺院清规戒律，僧众精修佛法，蔚然成风，名扬各地。至今却吉寺仍是四川阿坝萨迦派的中心寺院。

贤钦然绛巴·桑杰佩
——萨迦派大慈博士

贤钦然绛巴·桑杰佩，译言"大慈博士佛增"，于藏历第七饶迥之金兔年（1411年）出生在西藏绒那多拜地方。7岁时到曲科岗寺在僧格坚赞处出家受戒，从该师学习藏文拼读及其文法，初步掌握了藏文的拼写念诵，可以写简单的小文章。他13岁到达桑普寺拜香敦仁钦珠巴为师听受佛教经义。14岁在俱舍论经院中为考取噶玉巴而参加辩经活动，他年幼而颖悟，才华超群，辩经后取得了噶玉巴学位。这个学位虽低，但必须精通《中论》《现观庄严论》《律经论》《俱舍论》四部佛学经典，经答辩测试合格才能获得。他14岁能取得这个学位，在众多的僧伽中还是少有的。继后他又从绒敦·玛威僧格、僧华宣努嘉却、绒琼协贝等师学习显宗诸论而成为通达者。18岁到泽当寺和桑普立宗考辩噶居学位，经答辩考核取得噶居学位，因他当时住在桑普寺的曲隆吉康，因此称他为曲隆噶居巴。他19岁到钦饶

萨迦派

旺徐的寺院学经10年，到28岁时已成为精通40多部经论的学者了。之后他到萨迦祖寺给法王、活佛、僧众讲授45部经论，并立宗辩经，他引经据典，毫无纰缪，听众无不叹服。从而获得了较高一级的学位——然绛巴，或称然坚巴，步入了佛学界较高一级格西行列。取得学位后到俄尔埃旺曲丹寺，经请求，由多杰羌俄尔钦·贡噶桑波任亲教师，杰科罗敦巴任受业师，循努森格任密教师，给他授了比丘大戒，又从戒师学习密宗法中的胜乐、喜金刚、密集等的密续诀窍及教言，开始涉及密宗。

当显密经论的水平有了相当程度后，他开始琢磨修法之道，是像米拉日巴大师那样遁世苦行修炼好呢，还是像俄·洛丹喜饶一样竭尽全力聚集僧众传法讲经，浇灌佛法甘露？对这两者的选择他向三宝佛顶礼祈祷求卜，结果选择了后一种弘法的道路。首先他携带佛典宝卷，到那烂陀寺，在一些寺僧组织的法会上和经堂内讲经说法。38岁时到喀柔蕃周一带建立弘法道场广转法轮，他讲经弘法的美名犹如蛟龙在空中轰鸣。绒敦钦波曾预言道："这里将会有三龙相聚，其声誉会传遍整个雪域。"土蛇年（1449年），他39岁时，由仁邦俄吾桑布等人任施主，为建寺创造了物质条件，他便在仁布南宗、曼曲河西岸的绒穹河谷内，修建了哲域杰采寺（即锡金吉蔡寺），兴讲经、辩经之规，从此又发展出了图丹朗杰寺、羊八井寺、年裕夏郭雄寺、却科伦布寺、吉彩沃寺等5寺,皆广讲显密诸法,成为萨迦派讲学教理之有名大道场。他除在上述五座寺院中巡回讲经、辩经外,还常到俄尔寺、那烂扎寺、萨迦寺、桑普寺等有名的寺院中去讲经,立宗辩论,使这些寺院的僧人受益匪浅。总之,贤钦然绛巴大师从18岁到75岁之间,一直从事学经、讲经、辩经、著述等弘传佛法的事业,从未间断,为佛教和僧众做了大量有益工作,培育了许多具有较高学识的佛门弟子。他的弟子不计其数,其中著名弟子有:泽当桑杰伦珠、果让巴·索南僧格、本俦松巴、贤巴却月东珠、加样贡噶曲桑等。

贤钦然绛巴·桑杰佩于藏历第八饶迥之木蛇年(1485年)四月一日圆寂,享年75岁。

班钦·释迦却丹
——萨迦派知名经师

班钦·释迦却丹，译言"释迦具胜"，为赛多金贡寺的创建者，萨迦派三大寺院的著名雍增钦莫（大经师）。于藏历第七饶迥之土猴年（1428年）出生在桑普贝措地方。8岁时，他在觉摩隆从绒敦·玛威僧格披剃出家为僧，起法名释迦却丹智美勒贝洛哲，简称释迦却丹或智美勒贝洛哲。他10岁到玛威僧格创建的那烂扎寺受沙弥戒，拜绒敦·玛威僧格为师系统学习印度二胜六庄严诸论师的经论直至其21岁，在佛学方面打下了坚实的基础。25岁他到俄尔寺，由俄尔钦·贡噶桑波、扎嘎尔僧华钦波、梅钦·衮却坚赞三师授予具足大戒（比丘戒），又从三位戒师和江隆巴·宣努洛哲、班钦纳仁巴等师学《密续四部》《六支瑜伽行》等密宗经典及教诫，如智慧之瓶注满了佛法甘露。他从罗丹玉瓦学习声明、诗论、语法修辞等大小五明，成为学识渊博的班智达。据说他在俄尔寺学经时，俄尔钦为了培养

萨迦派

他,让他在15岁时就担任桑普寺乃果扎仓的住持。成名后,遵俄尔钦上师之命,到萨迦寺为僧众讲授百部大论。42岁,土牛年(1469年),他在班钦端月贝的劝请下,由藏伽霍尔释迦、嘎尔巴·端约多杰、森格扎巴·帕巴冉丹等作施主,于日喀则的年楚河东南木林境兴建了又一座萨迦派寺院——图丹赛多金贡寺,寺内建起了雄伟的佛殿,塑造了佛像、佛塔,添置了佛经,招收寺僧100多名。班钦·释迦却丹亲任寺主,在寺内开展讲、辩、著活动,学习风气十分浓郁。夏季法会上主讲《戒律论》,春季法会上讲授《中观论》,冬季法会上讲授《上下对法论》。一次,阿里地区的法王扎西贡巴及300名论师邀请他去讲经,由于他忙于本寺教务,便介绍讲授《三律仪》而闻名的宗噶哇去阿里讲授《三律仪释难》,解决了108个疑难问题。而班钦·释迦却丹一面在赛多金贡寺、俄尔寺和昂仁寺轮番讲经传法,一面从法王南杰扎巴学习了时轮学。他先后拜40多位上师为经师学习显密经论、大小五明,尤其是对内明学和萨迦教法精研而达到通达。这时他已经成为萨迦、俄尔、昂仁、赛多金贡等寺的知名经师。这些寺院的活佛、法王、僧官及僧众都极为崇拜他,皆敬称他为"班钦雍增钦莫",意为"班钦大经师"。他的教授结合政教两方面,深入浅出,详略得当,举一反三,使听受者易于领会牢记。他的门下出现了许多证得自空他空甚深正见的高徒。在众多弟子中较有名的是香钦巴·江热哇、多杰加哇、洛桑等，能独立讲经传法的弟子有137名。

班钦·释迦却丹一生著述颇丰，主要有《因明论释难》《因明总论》《唯识论广疏》《般若论广疏》《入中论注释》《戒律论释难》《别解脱经注释》《空性总论》《三事仪轨》《胜乐注解》《密集注疏》《三十颂·音势论注释》等。

班钦·释迦却丹于藏历第九饶迥之火兔年（1507年）圆寂，享年80岁。

果沃然贤巴·索南僧格

——萨迦后期佛学家

果沃然贤巴·索南僧格，意译为"果沃博士·福狮"，为明代藏传佛学家，是四川康区多康波果沃让波地方人，父亲汝查绛加，母亲嘉瓦曼，于藏历第七饶迥之土鸡年（1429年）伴随着几种吉祥瑞兆而出生，被认定为至尊扎巴坚赞的转世灵童。他5至6岁时就开始学习藏文拼读；7岁时，从上师贡嘎本受近事戒，正式开始学习字母拼读。8岁时，从堪布索南沃赛和上师贡嘎本出家为僧，取法名索南僧格，并从二师修学喜金刚教言及灌顶法。他逐渐诵记《慈氏五论》、《绒师全注》（即绒敦·玛威僧格的经论注释）及《雅师大疏》（雅楚·桑杰白的经典疏释）等经论及注释本。13岁时学习喜金刚等密宗经教灌顶等，19岁开始赴后藏各寺巡回辩经，他的辩经才能受到寺僧们的赞誉，同时从绒敦·却吉尼玛及喜饶贝上师学习经教灌顶法。20岁时，他到绒敦·释迦坚赞大师的那烂扎寺，这

萨迦派

时这座寺院建成已13年之久，绒敦大师在他到那烂扎寺的这年就圆寂了，在此寺从师整整修学两年，获得了很大成就。25岁他在俄尔埃旺却丹寺从俄尔钦·贡噶桑波（1382~1456年）聆听四续部等密宗诸法。27岁他在梅钦·衮却坚赞和朵宗·桑杰巴桑二师处受具足戒，并从衮却坚赞戒师学习道果经义等。从果沃然贤巴喜饶贝哇潜心修学了十二部经论，每部皆达到融会贯通，经师说他修学经论的悟性跟我一样，也称他为果沃然贤巴（果沃博士），自此人们普遍称他为"果沃然贤巴"了。据说他还经常念修文殊本尊仪轨，一天晚上他做了一奇梦，梦中他手执文殊的智慧之剑，在空中来回晃动，并不由自主地口诵文殊五字心咒，刹那间，智慧之剑遍布卫藏康各地，自此他的慧性猛增，凡学经论过目不忘。他先后从贤哲师尊18人学习佛法，对于显密经典及藏族五明诸论无不精通，成为雪域群贤中之佼佼者。31岁时，他准备回故乡多康地区传法，向梅钦上师提出回康区的请求，上师不同意，让他仍留后藏，以利益佛教众生，故未能成行。这期间他曾赴锡金传法学经两年，在这里开始写作《喜金刚诵持基数》《三律仪注释》《般若释明》等著作。之后复返后藏，他讲经闻法，广转法轮，以"幕帐""三律仪"等密宗教理传授弟子500多人，力排有违毗卢遮那、喜金刚、密集诸法之谬说。他常常在僧团会海之中讲经传法，听经僧人猛增至800余人。38岁那年，仁蚌昂索东珠多杰及僧官、俗官为他创造条件，修建了达那赛朗寺，藏历水蛇年（1473年），他45岁时，又集资扩建达那赛朗寺，正式定寺名为"达那图旦南杰林"。他51岁到萨迦大寺礼供诸殊胜佛像、经塔及布施广大僧众。53岁赴俄尔埃旺却丹寺后，他被拥戴为该寺的法台，任住持5年，在寺内大力提倡闻思修、讲辩著的学经风气。58岁时，委任坚赞贡却佩为埃旺寺住持后，他即卸任，利用时间潜心修持，出现了一些不同的感应。60岁时，他携带供礼再次前往萨迦寺，在寺中对佛殿作盛大供养，由此可见他对萨迦寺的虔诚之心。

果沃然贤巴于藏历第八饶迥之土鸡年（1489年）五月九日，显露病情，二十一日上午在萨迦寺圆寂，终年61岁。

他一生中培育了许多弟子，其中有萨迦寺达钦·索南坚赞、贡嘎旺秋智巴、昂仁寺堪布绛散巴、埃旺寺堪布荣增官却佩、却吉·图杰巴桑、却吉·耿嘎班觉、却吉·桑仁巴、却吉·释迦罗哲等皆十分有名。他一生为佛教的闻思修、讲辩著而奋斗不息，其留给后世的著作有《声势论注释》《量释论疏》《俱舍论注疏》《般若论总义》《般若论释难》《戒律论精要断句》《三律仪总注疏》《三律仪问答》《喜金刚释论》及教言解说、释论、密集辨释、修行法、坛城仪轨等68种，德格版本共15函。

班钦·本俦松巴
——精通五明论的班智达

萨迦派

班钦·本俦松巴，又名嘉哇·本俦松巴，于藏历第七饶迥之水牛年（1433年）在西藏叶如康马尔扎空（以南木林为中心，东至朗玛吉普，南至聂拉木，西至皆麻拉古，北至黑河麦底卡一带地区古名）出生。7岁时，法王官却勒巴兴建了贤钦世界庄严殿，并招收700多名弟子讲学，由僧巴钦波·元努杰却任堪布，给他剃度出家，从此师学习藏文拼写，打下了藏文基础知识。此后他到多曲科尔岗寺先后从班钦·桑杰森格、相僧·罗哲仁青、朵俦曲桑等师学习显密诸论，在显宗学方面有了一定基础后到萨迦寺参加噶居巴学位的辩经考试，经答辩后，取得了噶居学位。后经埃旺曲丹寺去锡金杰采寺，拜在这里讲经传法的高僧贤钦然绛巴·桑杰佩、泽当·桑杰龙智、夏鲁噶居哇三人为师，学习般若经论，一个月间他学完了《大般若十万颂》，并能流利地解说其中词义和内容。《大般若十万颂》在藏语中称为"本俦","本俦松巴"意为"三十万颂",他的美名"本俦松巴"便由此而来,这是僧俗对他的敬称。他又拜玛哇喜饶仁钦、香巴更嘎贝丹二人为师学习《声明论》《诗学》《修辞学》等藏族大小五明传统学科,经考察,门门皆达到通晓,由于他学富五明,淹贯三藏,从而获得了大班智达的称号,简称班钦。

水马年(1462年),耿钦·果让巴大师设副座讲经时,贤钦然绛巴·桑杰佩任堪布,果让巴任轨范师,夏鲁噶居哇任密教师授予其比丘大戒。是年夏季法会期间,本俦松巴在泽当等佛寺中广转法轮,讲授了60部大论。31岁,水羊年(1463年)冬季法会时,他在昂仁寺建立讲授《般若波罗蜜多十万颂》之规,之后又在洛谢嘎寺广施佛法,使广大寺僧尝到了佛法醍醐。32岁,到洛俄孟塘寺讲授以《大般若经》为主的百部经典,受到寺院活佛和僧众的尊敬,又应阿贡法王之邀请,登上法座讲经,他很好地讲授了《大般若经》中甲至丁部分的经卷,听者十分惊奇而又敬佩,又专门讲授了《大般若经》中精辟部分——教言,僧众为他行顶足礼。33岁,他又从俄尔钦师徒学习俄尔法门,从达钦嘉格哇学习宗法门,向善知识洛哲贤赞学习珀东派法门,向达隆·阿旺扎巴

萨迦派

学习达波噶举传承法和热琼哇的耳传法，从遍知者云丹华雄学习香巴噶举传承法及山修法，从嘎朵俄布桑波学习大圆满法，从瑜伽金刚师学习息结派断行法。本俦松巴不视教派亲疏，广参各教派名师学习不同教派的传承教法、教言，他广学博览，扩大了知识面，成为一位佛学知识比较全面的佛学家。他在13年中，到处弘法、学法、讲经，培育了能讲经传法的弟子200多名。47岁后，他同100名弟子一起，在一些地方头人的支持下，先后到前藏的藏曲、帕竹和雅卓、俄布岗等地广转佛法经轮，为弘扬佛教做了大量工作。后他在俄布岗、雅卓、江都等地修习禅定法。

土鸡年（1489年），本俦松巴57岁时，在后藏由索南坚赞为其创造条件，创建了年瑶霞郭雄寺，修建佛殿、神殿、经堂，塑造佛像、佛塔，印制佛经，招集佛学弟子，成为佛、法、僧三宝俱全的寺院，并作了盛大的开光典礼。寺院建成后，由他任寺主，在寺内大兴讲经弘法之风。后来他将寺交给帕确龙树主持教务，自己又到处讲经传法，闭关修持。此时他主要讲授佛教密宗经论，又带出了一批密宗弟子。

班钦·本俦松巴广做有益于佛教和众僧之事后，于藏历第八饶迥之木鼠年（1504年）示现圆寂，享年72岁。

他的著名弟子有帕确龙树、阿尔敦、洛哲嘉措、耿钦久塘法王、嘉哇·官却贝瓦、加贡罗哲扎西等，其著作未见记载。

芒脱鲁智嘉措

——萨迦派后期著名学者

芒脱鲁智嘉措，是智证具足的高僧，为多桑桑北部（后藏）隆洼仲名叫协隆地方之人，其父是藏北达波宏涅氏家族人，名叫拉莫那达，母名散玛嘉佐。他于藏历第九饶迥之水羊年（1523年），伴随着几种奇异之兆而诞生。当母亲怀六甲之时，梦中有一小白蛇进入床榻，因蛇被人们称为"小龙"，以此梦兆，出生后由叔父取名鲁加诺吾，意为"龙王宝贝"。鲁加诺吾少年时，勤奋修学藏文和语法，同时他还喜玩投掷、赛马、射箭。他的叔父也爱好弓箭，遂跟叔父学习骑射技艺。所以人们猜想他将来会成为一位藏族武士，但他14岁时就被迎入曲科林寺出家为僧了。他在寺内与嘉贡·雪勒南杰大喇嘛相逢，遂拜嘉贡为经师，学习《新说实践论》，开始练习声明学拼音，学习计算历数，学会了《因明论释》的前论和后论。15岁时，由吉塘然绛巴强巴索南任堪布，札什伦布寺的班钦桑波扎西任屏教师，在年约夏

萨迦派

雄寺正式受戒出家,取法号"鲁智嘉措"。20岁时,他在曲科林寺从经师嘉贡·雪勒南杰主要闻习心识类和善说教言甘露,皆熟记于心,同时攻读《释量论》第四品,并作了300余页的学习笔记,上师十分高兴,赞扬他将会成为遍知三世的格西。

23岁时,在珀东地方发生了疫情,他为了躲避瘟疫病而在名叫达章的切曲科寺住修了两月之久。这期间专攻了阿里班钦·白玛旺嘉著的《自性大圆满道分支三律仪论》,简称《三律仪论》,这是一部宁玛派的名著,他反复修学,基本上理解了全书的要旨。

这时他正好与萨迦派密宗方面三小支派之一的察尔支派的创立者——察钦·罗赛嘉措相遇,遂向该师求学了显宗方面的一些经论,之后主要求学了萨迦派的甚深教法。后来他和经师嘉贡一道前往芒喀克普卓普地方,师徒二人分别入禅洞闭关禅修,鲁智嘉措心中经常出现一些"风息"的感受。26岁时,同经师嘉贡一同来到觉囊派著名学者贡嘎卓却师尊前,从该师求学黑胜乐灌顶法,该师为鲁智嘉措取密宗法号"里达巴杂",即"若白多杰",意为"游戏金刚"。

30岁时,在相达南喀泽旺的鼓励下,他担任了曲科林寺的轨范师。同年,由大堪布班钦·桑波扎西任堪布,经师嘉贡任屏教师,在昂仁寺的拉章中为鲁智嘉措授具圆大戒,成为真正的比丘僧。他33岁出任萨嘎曲顶寺堪布,直至51岁,担任堪布长达18年。任堪布期间,寺内大兴闻思修、讲辩著之风。他在闻思《般若》《戒律》《俱舍》《中观》等五部大论的同时,对寺内学僧也传授五部大论。这时前来求授沙弥、比丘戒的僧人甚多,他经常任堪布为他们授戒,还为他们广授显宗方面的经论。这时他还利用时间编著了《俱舍论总义》《正理论释难》《般若论旁注》等一些论著。

他在为别人授戒中发现,过去萨班授比丘戒的戒律传统将近式微,为了继续继承萨班的戒律传统,他请求鲁普寺堪布桑杰沃色将这一戒律传统发扬光大,并持之以恒地坚持下去。因为这时萨迦寺院中屏教师和密教师十分奇缺,常常由堪布一人兼几职而授戒,如此下去,不符合戒律传统做法。后来他在拉孜宗境内修建了一座名叫"夏雄"的寺院。寺名夏雄是因印度大鹏鸟的翅膀中装了一块奇石被带到这里,以此为主供圣物而修建佛寺,其中"夏"为大鹏鸟之意,"雄"为翅膀,寺院建成后,以此取寺名为"夏雄寺"。鲁智嘉措担任了夏雄寺的住持,任住持长达12年。这期间他会见了自东到北一些寺院的施主、地方头人等,经请求也为他们传授了许多教法。

后来由后藏仁布政权的执政者第巴仁布·阿旺久丹旺

萨迦派

徐扎巴邀请到仁布①地方，第巴将一部萨迦班智达的传《萨班传·善缘精道》赐给鲁智嘉措，他获得此名著，喜不自胜。第巴仁布巴也是后藏一位大学者，他曾著有《藻饰词·智者耳饰》这一名著。经商议后，他与第巴仁布巴、亚卓·达隆巴、贡热译师等，进行一次作诗竞赛，比赛开始后，鲁智嘉措出口成章，语无废词，很快作出了一首词韵皆佳的诗词，受到以仁布巴为主的几位学者的称赞。后来他卸任夏雄寺堪布之职，委任却吉嘎绒巴担任堪布，在鲁智嘉措担任堪布期间，寺院的闻思修学风十分浓郁。他还集资修建了一座经堂和一座曲扎（扎仓），为这座寺院作出了巨大贡献。在这里他还为吉塘然绛巴强巴索南讲授"十八善说"等密法长达8年之久。他61岁时，还兼管了距拉孜宗不远的一座名叫"达章切曲科寺"，在寺内建立了修学萨迦派道果法和发菩提心灌顶的规则。68岁时，他发愿在贡巴桑宗地方修一座诺吾林讲学院，对这里的一些学僧按各自的需求讲经传法，每到夏季法会和冬季法会时，到昂仁寺讲学。在一次利用一个月时间闭关修持时，他利用间隙写了一部《印度圣龙树赞》及其注释的书；关于圣龙树的甚深见解，别的许多学者尚未理解，而鲁智措却熟练通达。

鲁智嘉措先后将吉塘然绛巴强巴索南、嘉贡·雪勒南杰、察钦·罗赛嘉措、季祥巴·罗哲南杰、觉囊巴·贡嘎卓确等智证双全的高僧奉为头顶严饰，从这些高僧所修学的显密诸论皆达到彼岸。他在讲辩著和贤正善诸方面达到一个佛学家应具备的条件，可谓德才兼备。

他一生弟子众多，其中主要有却吉·嘎绒巴、却吉·本巴协罗哇、然绛玛哇、噶居巴等一百余人。

其著作有《大印戒净》《续部诀窍》，《印度圣龙树赞》及其注释，以及《开光本论》《六种良药实践》《俱舍论总义》《正理论释难》《般若论旁注》等一百多种。

注：

①仁布：14至16世纪中，后藏一地方政权名。1374年至1440年囊喀坚赞受帕竹第巴第五代第司赐封，领有仁布宗，兼任萨迦本钦及曲弥万户长。其后仁布·贡桑为萨迦派施主，于1449年，在哲孟雄建杰莫采讲经院，1478年，又建达纳·土丹朗杰寺，其子顿月多杰于1481年进军前藏，取代帕竹大部分政权。1490年资助红帽系活佛建羊八井寺。至1566年，仁布政权被其家臣辛夏所推翻。

嘉央钦泽旺波

——近代密宗大师、医学家

嘉央钦泽旺波，是四川甘孜德格定阁亚如琼钦扎地方人，是近代蜚声雪域的显密兼通、尤精于藏医药学的大学者，于藏历第十四饶迥之金龙年（1820年）元月十五日诞生。父亲系乃氏，是枳贡·绛曲林巴之叔伯族裔，德格土司的仲钦（大秘书）仁清南加，母亲是索萨格饶家的大管家贡财之女，名叫索南措。嘉央钦泽旺波四五岁时，启蒙学习藏文拼读和书写，自幼天资聪颖，时隔不久，即熟练地掌握了藏文读写。12岁那年，他被塔孜大堪布强巴贡噶旦增认定为埃旺塔巴孜大堪布强巴齐麦的转世，取法名"嘉央钦泽旺波·贡噶丹贝坚赞"，简称嘉央钦泽旺波。21岁时从敏珠林寺大堪布仁增桑布受具足大戒。他为了广泛采撷各教派佛教文化知识，遍履前藏色拉、哲蚌、甘丹三大寺与后藏萨迦、埃旺、俄尔等诸大寺院，先后从敏珠林大法台居美桑杰贡噶、谢钦居美图旦多杰、萨迦巴·多杰仁钦、

萨迦派

塔孜堪布之昆仲等宁玛、萨迦、格鲁诸派的150余位高僧大德为师，闻习工巧明、声明论、因明学和其分支等学科和《中观》《般若》《戒律》《俱舍》等经论（即因乘之经论），以及胜乐、喜金刚、密集、时轮、密咒等果乘（即密宗金刚乘之续部，甚深导引）等显密教典及诸明处一切经论。克智（大成就）雪白口传的耳传旧密法类；阿底峡尊者传出、由宗喀巴大师传播的新旧噶当派教法；萨迦父子中产生，由萨、俄、采（即萨班、俄·勒巴喜饶、采巴·贡嘎多杰）的道果之教言；由玛尔巴、米拉日巴、达波拉杰三位贤哲传出的四大八小噶举派教法之教言；克珠·琼波南觉所创香巴噶举的密乘教法；觉囊巴·耿邦图杰宗哲等传出吉祥时轮圆满次第金刚瑜伽法；以及帕·丹巴桑杰开创的息结教法和玛吉拉珍传出的决鲁教法，他无不学习，深入研究。他一生阅读了《甘珠尔》大藏经、《丹珠尔》大藏经中所有经教为主的印、藏区各派各学科论著共700余函，这是一般学者难以做到的。

嘉央钦泽旺波不仅精通显密经论，对医学的学习研究也成绩卓著。他学习研究了以《四部医典》为主的藏区流传的各种医药经典及医药实践秘诀，并依此进行各种珍宝药物的加工炮制，并大力推广加工炮制方法，为生民解除疾病痛苦而做了功德无量的善事，仅他在医药方面的著作就有10种之多。主要有《医学四续要义》《各种药物配制实用》《药物识别补遗·释难点滴》《实用秘诀》《各种验方》等。他在德格和宗萨扎西拉则两地建立讲经院，讲授显密经论及其他文化科学的同时，还讲授医方明。嘉央钦泽旺波除了讲经授医外，还经常参禅修习，因而获得证悟，他成了精通佛学、医学、密法修习兼备的大学者、佛学家，也成了宗萨寺的第一世活佛。他将所学显密经典要诀教授，顺应诸化机徒众之心愿，传授灌顶、传承和教导，因而奠定了全部公正教法的基础，指引众生成熟解脱之道。嘉央钦泽旺波大师一生所传授的弟子颇多，主要亲炙弟子有工珠·云丹嘉措、居·弥潘·绛央南杰嘉措、多智钦·晋美丹贝尼玛、德钦·却吉林巴等宁玛派贤哲大士；有萨迦寺赤钦·扎西仁钦、那烂扎寺森沃、俄尔寺大多数堪布等萨迦诸大德；有十四世、十五世噶玛巴司徒，十世、十一世达隆噶举活佛；有官却丹巴饶杰、扎耶诺门汗、理塘大堪布贤巴彭措、霍尔康·嘉鲁等格鲁派大善知识；有苯教高僧等大德多人。这些高足弟子不但个个精通显密诸论，还受上师之熏陶也通晓医道。因他拥有七种教授流传，号称一切伏藏师之首。

嘉央钦泽旺波大师用虔诚信徒、信民供奉的布施，塑造镏金佛像200余尊，刻印经典近40函，抄经2000余

萨迦派

部,制造以伦珠当大灵塔为主的铜制镏金塔百余座,修建供奉这些佛像、佛塔、佛经的寺庙13座(在《东嘎大辞典》中记为30余座寺院)。他供养在寺僧伽建立按期供给之规,给因战乱而衰败的寺院,适量赏赐并广放供佛基金。他为汉藏官吏、德格土司间的团结而进行通融协调,以利于佛教与众生之事业,他的功绩无与伦比、有口皆碑,是近代藏传佛教界出现的又一位佛学大师、文化泰斗。人们尊称他为"宗萨钦泽"或"定阁钦泽",意为"宗萨大智者"。

他于藏历第十五饶迥之水龙年(1892年)二月二十一日圆寂,享年73岁。

其阐述宁玛、噶当、萨迦道果、玛巴噶举、息结决鲁、金刚瑜伽、近修等修道教理及声明、诗论、医药方面的著作甚多。因他一生学佛修法而足迹遍履卫藏康,所到之处收集圣迹地资料,最后编纂成《卫藏道场胜迹志》一书,该书部头虽小,但囊括的资料不少。较详记载卫藏、山南、热振等地的寺院及修道洞窟、圣迹之情况及地貌、道路、山川、森林、物产等内容。此书国内有刘立千之汉译本,国外有意大利费若端等的英译本。

后　记

藏传佛教高僧不仅在藏传佛教的传播和弘扬过程中发挥了巨大的历史作用，还对藏、土、蒙古等民族劳动人民创造的优秀文化的继承、发扬和传播也起了桥梁作用。在历代高僧他们的著述中除了佛学思想，还蕴藏着大量的语言、文学、诗歌、艺术（音乐、戏剧、雕塑、建筑）、哲学、历史、天文历算、医药、农牧业生产等知识。尚有一些高僧在世俗事务中以其独特的身份、地位及其在僧俗中的影响，在调解部落、地界、草山和民事纠纷中起到过不可忽视的作用。他们抑恶扬善、扶危济困，赢得了僧俗群众的尊敬。其中还有部分高僧，如萨迦派的萨班等，他们为祖国统一、民族团结、人民安定等做出过重大贡献。为便于人们初步了解这些高僧的历史概貌，作者历经多年收集藏汉文资料编译了本套丛书。

所收宗教名人，就区域和民族而言，绝非凭主观而定，而是依据现有资料决定的。结果出现了地区、民族、教派诸比例不均衡的现象。因资料来源不同，对所载人物出生年代、出生地，甚至事迹也有差异。为力求准确，笔者查阅了大量资料并加以核对，但终因资料限制和知识水平所限，有些问题还难以定论，便采用了按两种或两种以上说法基本相吻合者为准，对少数说法不一致的，也做了些交代。书中已约定俗成的人名沿用未变，少部分名讳依安多语音翻译。为了防止名讳混淆，冠在名讳前面的习惯称谓基本保留。

由于此套丛书是一套专门介绍藏传佛教历史名人生平史略的书，在辑译和编写过程中，笔者慎重地对藏文典籍中那些纯宗教化叙述的内容材料进行了取舍，特别是涉及西藏密宗中的一些具体内容，基本上采取了舍弃的态度。尽管如此，书稿仍免不了沾带宗教色彩，这也是自然的。因此，我们要用历史唯物主义和辩证唯物主义的观点去认识和剖析它，去其糟粕，吸收其可贵的东西。

2018 年 9 月

编者写于西宁